엔트리와 함께하는
인공지능
코딩
첫걸음

KB212483

아티오 ArtStudio

엔트리와 함께하는

인공지능 코딩 첫걸음

2021년 11월 15일 초판 인쇄
2021년 11월 20일 초판 발행

펴 낸 이 | 김정철
펴 낸 곳 | 아티오
지 은 이 | 대구컴퓨팅교사연구회(CASD) 이정서, 배국환, 김진수, 전용욱, 장준혁, 정현재, 이수정, 양태규
마 케 팅 | 강원경
디 자 인 | 김지영
전   화 | 031-983-4092~3
팩   스 | 031-696-5780
주   소 | 경기도 고양시 일산동구 호수로 336 (브라운스톤, 백석동)
등   록 | 2013년 2월 22일
정   가 | 16,500원
홈페이지 | http://www.atio.co.kr

인공지능(AI), 꼭 배워야 하나요?

인공지능교육과 관련해서 교육이나 연수를 하다보면 자주 듣는 질문중 하나가 우리 학생들을 모두 인공지능 전문가로 키울 것도 아닌데 모든 학생들이 배울 필요가 있냐? 라는 질문입니다. 이런 질문에 저는 모두가 인공지능 전문가 될 필요도, 그렇게 되지도 않겠지만 모두가 받았으면, 아니 받아야하는 교육이라고 말씀드리고 있습니다.

"오늘 날씨? 인공지능 스피커에게 물어봐!"
놀이터에서 놀던 아이들의 대화 속에서 바야흐로 인공지능의 시대가 왔음을 느낄 수 있습니다. 이러한 인공지능의 시대를 살아가는, 인공지능으로 자신의 역량을 펼쳐갈 우리 아이들은 인공지능을 이해하고 활용할 준비가 되어 있나요?

우리 아이들이 자라 어른이 되는 시기에는 인공지능이 더욱 보편화되어 생활에서는 물론 직장생활에서 필수요소로 작용될 것입니다. 코로나19로 경험해보셨겠지만 앞으로 우리 생활 속에서 컴퓨팅 역량은 더욱 강조될 것입니다. 즉, 정보를 다루고 이를 이용해서 가치를 생산할 수 있는 사람이 더 높은 가치를 인정받는 시대가 될 것입니다. 그 핵심에 인공지능이 있습니다.

예를 들어 같은 건축가라 하더라도 인공지능 기술이 적용된 건물을 지을 수 있는 건축가가 그렇지 못한 건축가 보다 더 많은 가치를 인정받을 것입니다. 그러기 위해서는 인공지능을 이해하고 이를 잘 활용할 수 있는 능력이 필요합니다. 이것이 바로 모든 아이들이 인공지능 교육받아야 하는 이유인 것이죠.

인공지능 시대에 좀 더 가치 있는 우리 아이들을 만들기 위해 이 책을 만들었습니다.
이 책은 평소 인공지능에 관심과 흥미는 있었지만, 막연하고 어려워 공부를 시작하지 못했던 분들을 위해 만들었습니다. 우리 자녀와 학생들에게 인공지능을 제대로 가르치고 싶지만 정확한 내용을 몰라 어려움을 겪는 학부모, 선생님들과 인공지능의 매력에 빠져 스스로 공부하고 싶은 학생들에게도 큰 도움이 될 것으로 기대합니다.

저자들은 현재 학교에서 학생들을 가르치는 선생님들입니다. 누구보다 인공지능에 대한 관심과 열정이 많고, 효과적인 인공지능 교육방법에 대해 매일 고민하고 연구하고 있습니다. 이러한 열정을 담아 책을 만들었습니다.

이 책을 통해 더 많은 아이들이 인공지능과 함께하는 삶이되기를 바랍니다.

차례

◆ Section ◆

01

시리야~ 선풍기 켜줘~
(스마트홈 음성인식 선풍기 만들기)

* 인공지능 스피커를 통해 음성으로 거실에 있는 선풍기를 켜거나 끌 수 있는 스마트홈 음성인식 선풍기 프로그램을 만들어봅시다.

준비물	인공지능 블록 & 모델	
   웹캠	**오디오 감지** 마이크를 이용하여 소리와 음성을 감지할 수 있는 블록 모음입니다. (IE/Safari 브라우저 미지원) 오디오 감지	**읽어주기** nVoice 음성합성 기술로 다양한 목소리로 문장을 읽는 블록모음 입니다. 읽어 주기

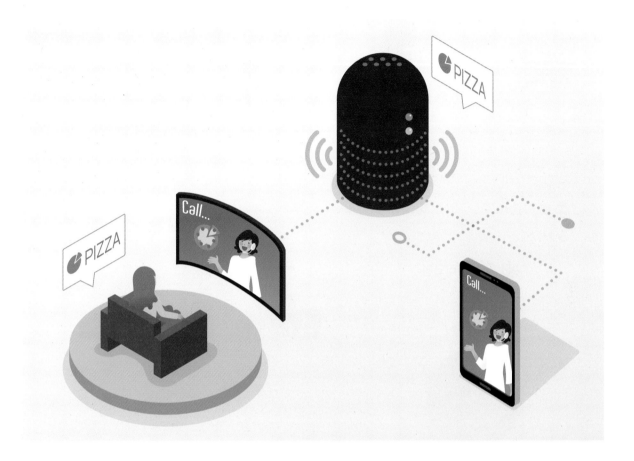

　인공지능 스피커(Artificial Intelligence Speaker, AI Speaker)는 음성인식을 통해 음악 감상, 정보 검색 등의 기능을 한다는 것이 일반 스피커와의 차이점입니다. 초기의 인공지능 스피커는 오늘의 날씨를 물어보거나 음악을 재생하는 등 사람이 하는 말을 듣고 여러 가지 정보를 검색해서 알려주는 것이 전부였습니다.

　하지만, 최근에는 단순히 정보검색을 통해 대답만 해주는 것이 아니라, 거실에 있는 TV의 볼륨을 높이거나 채널을 변경하고 공기청정기와 세탁기를 켜고 끄는 등 가정 내 다른 IT제품들을 제어하는 형태로 많이 발전되었습니다. 즉, 집안의 다양한 IT제품을 컨트롤하는 것이 자연스러운 음성만으로 작동하게 된 것입니다. '○○야, 불 좀 꺼줘', '○○야, 세탁기 좀 돌려줘'처럼 마치 우리 집에 나만의 음성 비서를 둔 것처럼 느껴지기도 합니다.

　이러한 음성인식 기술은 점점 우리의 생활을 한층 더 편리하게 만들어주고 있습니다. 따라서 이번 시간에는 인공지능의 음성인식 기술을 활용하여 거실에 있는 선풍기를 켜거나 끌 수 있는 '스마트홈 음성인식 선풍기'를 만들어 보겠습니다.

Preview 이렇게 활동해요 ⭐

1

씨앗파일 불러오기

2

오디오 감지
마이크를 이용하여 소리와 음성을 감지할 수 있는 블록 모음입니다. (IE/Safari 브라우저 미지원)

읽어주기
nVoice 음성합성 기술로 다양한 목소리로 문장을 읽는 블록모음 입니다.

인공지능 블록 선택하기

3

듣고 있어요

음성인식 확인하기

4

| 블록 | 모양 | 소리 | 속성 |

| 전체 | ? 변수 | 🗶 신호 |
| | 📋 리스트 | f 함수 |

신호 추가하기

🗶 선풍기켜기 ▼ ✕

🗶 선풍기끄기 ▼ ✕

신호 추가하기

5

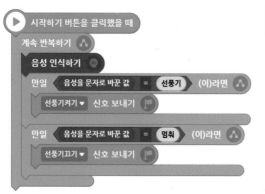

프로그래밍하기

6

선풍기를 켭니다.

실행하기

스마트홈 음성인식 선풍기 체험하기

완성된 스마트홈 음성인식 선풍기 프로그램을 실행해봅시다.

완성 프로그램

http://bit.ly/음성인식선풍기
또는
http://naver.me/Fvn6VYgm

1. 프로그램을 실행하여 "선풍기" 또는 "멈춰"라고 말해봅시다. 어떤 결과가 나왔는지 적어봅시다.

2. 스마트홈 음성인식 선풍기에 활용된 인공지능 기술을 [보기]에서 찾아봅시다.

─────[보기]─────

음성 인식 기술 / 이미지 인식 기술 / 자세 인식 기술

어떻게 만들까? 스마트홈 음성인식 선풍기 설계하기

1. 앞에서 살펴본 스마트홈 음성인식 선풍기의 작동방법에 대하여 살펴봅시다.

프로그램을 실행했을 때 음성인식이 시작됩니다. 사람이 "선풍기" 또는 "멈춰"라고 말하면 인공지능 스피커가 "선풍기를 켭니다." 또는 "선풍기를 끕니다."라고 말을 하면서 선풍기를 제어합니다.

2. 스마트홈 음성인식 선풍기 프로그램 알고리즘 설계하기

```
            프로그램 실행
                 ↓
      시작하기 버튼을 클릭했을 때
                 ↓
          계속 반복하기
                 ↓
          (        ) 인식하기
                 ↓
   만일 음성을 문자로 바꾼 값이 '선풍기' 라면
                 ↓
          (        ) 신호 보내기
                 ↓
   만일 음성을 문자로 바꾼 값이 (        ) 라면
                 ↓
        '선풍기 끄기' 신호 보내기
                 ↓
   '선풍기 켜기'              (        )
   신호를 받았을 때          신호를 받았을 때
        ↓                      ↓
   2초 기다리기            2초 기다리기
        ↓                      ↓
   계속 반복하기          (        ) 멈추기
        ↓
   방향을 30°만큼 (        )
                 ↓
            프로그램 종료
```

──── [보기] ────
음성 / 선풍기 켜기 / 멈춰 / 회전하기 / 선풍기 끄기 / 자신의 코드

1 구글 크롬 브라우저를 실행하고 주소창에 'bit.ly/음성인식선풍기씨앗'을 입력합니다.
(접속이 안 되면 'http://naver.me/G99H6Cm1'에 접속합니다.)

2 엔트리 작품으로 이동하여 프로그래밍을 하기 위해 [리메이크하기]를 선택합니다.

부스트모드

리메이크하기   jinsu1024 님의 스마트홈 음성인식 선풍기(완성파일) 작품을 리메이크

3 스마트홈 음성인식 선풍기를 만들기에 필요한 오브젝트들을 확인합니다. 그리고 음성인식을 통해 선풍기가 동작하도록 프로그래밍하기 위하여, 오브젝트 목록에서 [선풍기] 오브젝트를 선택합니다.

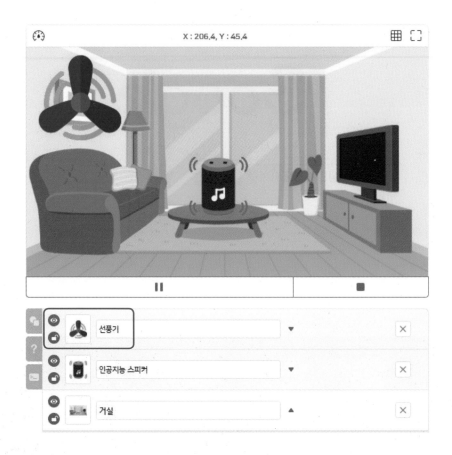

4 인공지능 블록을 생성하기 위해 [블록] 탭에서 [인공지능] 카테고리를 선택한 후 [인공지능 블록 불러오기]를 클릭합니다.

5 인공지능 블록 가운데 [오디오 감지], [읽어주기]를 선택한 후 [추가]를 클릭합니다.

6 [인공지능] 카테고리에 생성된 인공지능 블록들을 확인합니다.

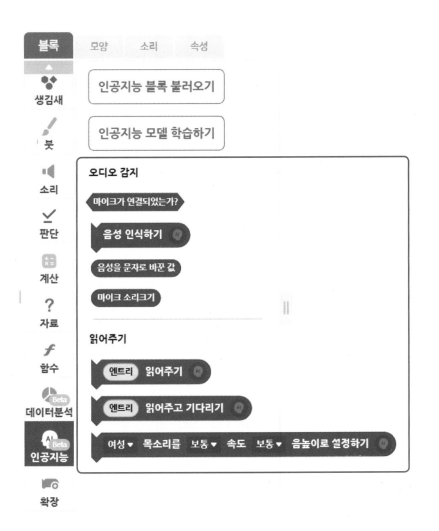

7 인공지능 스피커가 선풍기에게 신호를 보내기 위해서는 신호 블록이 필요합니다. 신호 블록을 생성하기 위해 [속성] 탭에서 [신호]를 선택한 후 [신호 추가하기]를 클릭합니다.

8 '선풍기켜기', '선풍기끄기' 신호를 각각 입력합니다.

9 [블록] 탭에서 [시작] 카테고리에 생성된 신호 블록들을 확인합니다.

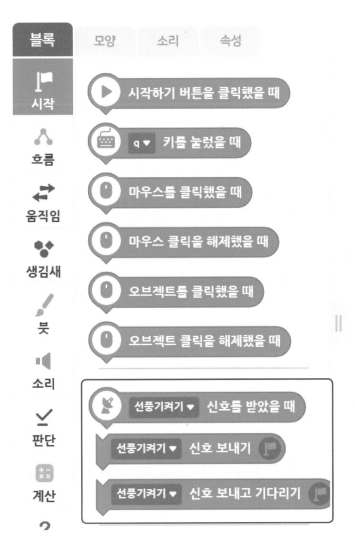

10 음성인식이 1번만 작동하고 끝나는 것이 아니라 계속해서 작동해야 하므로, [흐름] 카테고리에서 [계속 반복하기] 블록을 연결합니다.

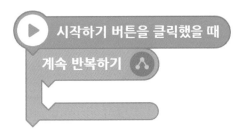

11 음성인식을 하기 위해서 [인공지능] 카테고리에서 [음성 인식하기] 블록을 삽입합니다.

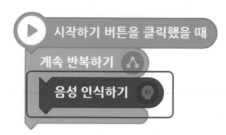

12 [흐름] 카테고리에서 [만일 참(이)라면] 블록을 연결합니다.

13 [판단] 카테고리에서 [10=10] 블록을 [만일 참(이)라면] 블록의 〈참〉 부분에 삽입합니다.

14 [인공지능] 카테고리에서 [음성을 문자로 바꾼 값] 블록을 삽입하고, '선풍기'를 입력합니다.

15 인공지능 스피커가 '선풍기'라는 말을 인식했을 때, 선풍기를 켜는 신호를 보내기 위하여 [시작] 카테고리에서 [선풍기켜기 신호 보내기] 블록을 연결합니다.

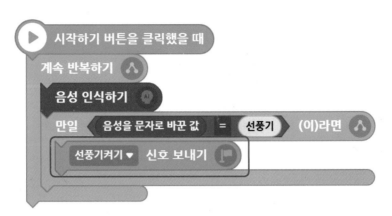

16 같은 방법으로 인공지능 스피커가 '멈춰'라는 말을 인식했을 때, 선풍기를 끄는 신호를 보내도록 프로그래밍 합니다.

17 '선풍기켜기' 신호를 받았을 때 선풍기를 동작시키기 위해서는, 먼저 [시작] 카테고리에서 [선풍기켜기 신호를 받았을 때] 블록을 가져옵니다. 그리고 [흐름] 카테고리에서 [2초 기다리기] 블록과 [계속 반복하기] 블록을 순서대로 연결합니다.

18 [움직임] 카테고리에서 [방향을 90° 만큼 회전하기] 블록을 삽입하고 각도를 30°로 수정합니다.

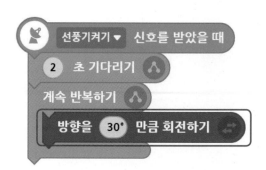

19 '선풍기끄기' 신호를 받았을 때 선풍기의 동작을 멈추게 하기 위해서, [시작] 카테고리에서 [선풍기켜기 신호를 받았을 때] 블록을 가져와서 '선풍기켜기'를 클릭하여 '선풍기끄기'로 변경합니다.

20 [흐름] 카테고리에서 [2초 기다리기] 블록과 [모든 코드 멈추기] 블록을 순서대로 연결합니다. 그리고 [모든 코드 멈추기] 블록에서 '모든'을 '자신의'로 변경합니다.

21 최종 완성된 프로그램을 확인합니다.

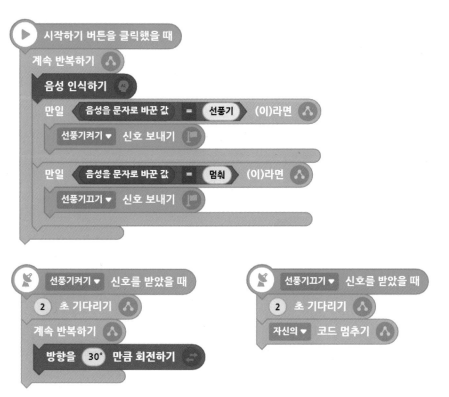

22 프로그램을 실행하여 음성 인식으로 선풍기가 바르게 동작하는지 확인합니다.

더 나아가기

인공지능 스피커가 선풍기의 동작을 제어하는 것을
음성으로 말해주는 스마트홈 음성인식 선풍기 만들기

완성된 스마트홈 음성인식 선풍기 프로그램을 실행해봅시다. 인식한 명령어를 인공지능 스피커가 음성으로 "선풍기를 켭니다." 또는 "선풍기를 끕니다." 라고 말하여 사용자가 보다 즉각적으로 인지할 수 있도록 만들어 봅시다.

1 인식한 명령어를 인공지능 스피커가 음성으로 말하도록 하기 위하여, 오브젝트 목록에서 [인공지능 스피커] 오브젝트를 선택합니다.

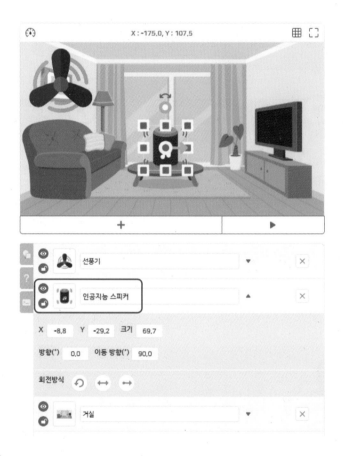

2 [시작] 카테고리에서 [선풍기켜기 신호를 받았을 때] 블록을 가져옵니다. 그리고 [생김새] 카테고리에서 [안녕!을(를) 말하기] 블록을 연결하고 '안녕!'을 '선풍기를 켭니다.'로 수정합니다.

3 [인공지능] 카테고리에서 [엔트리 읽어주고 기다리기] 블록을 연결하고 '엔트리'를 '선풍기를 켭니다.' 로 수정합니다. 그리고 [생김새] 카테고리에서 [말하기 지우기] 블록을 연결합니다.

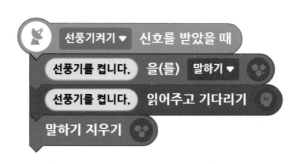

4 같은 방법으로 '선풍기끄기' 신호를 받았을 때 '선풍기를 끕니다.'라고 말하도록 프로그래밍 합니다.

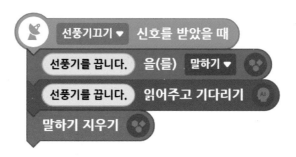

5 최종 완성된 프로그램을 확인합니다.

선풍기 오브젝트

시작하기 버튼을 클릭했을 때
계속 반복하기
　음성 인식하기
　만일 (음성을 문자로 바꾼 값 = 선풍기) (이)라면
　　선풍기켜기 ▼ 신호 보내기
　만일 (음성을 문자로 바꾼 값 = 멈춰) (이)라면
　　선풍기끄기 ▼ 신호 보내기

선풍기켜기 ▼ 신호를 받았을 때
2 초 기다리기
계속 반복하기
　방향을 30° 만큼 회전하기

선풍기끄기 ▼ 신호를 받았을 때
2 초 기다리기
자신의 ▼ 코드 멈추기

인공지능 스피커 오브젝트

선풍기켜기 ▼ 신호를 받았을 때
선풍기를 켭니다. 을(를) 말하기 ▼
선풍기를 켭니다. 읽어주고 기다리기
말하기 지우기

선풍기끄기 ▼ 신호를 받았을 때
선풍기를 끕니다. 을(를) 말하기 ▼
선풍기를 끕니다. 읽어주고 기다리기
말하기 지우기

6 프로그램을 실행하여 음성 인식으로 선풍기가 바르게 동작하고, 인공지능 스피커가 선풍기의 동작을 제어하는 것을 음성으로 말해주는지 확인해봅시다.

선풍기를 켭니다.

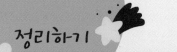

정리하기
인공지능 스피커의 현재와 미래

Q. 인공지능 스피커에는 어떤 종류들이 있나요?

국내 제품에는 NUGU(SK테레콤), 기가지니(KT), 카카오미니(카카오), 갤럭시홈미니(삼성), 엑스붐AI씽큐(LG), 라인프렌즈(네이버) 등이 있습니다.

그리고 해외 제품으로는 아마존에코(아마존), 구글홈(구글), 홈팟(애플) 등이 있습니다.

Q. 인공지능 스피커의 음성 인식 기술은 어떻게 작동하는 걸까요?

손끝에서 시작했던 인터넷 세상도 이제는 사람의 음성만으로 가능한 시대가 되었습니다. 뉴스나 날씨 등 원하는 정보를 실시간으로 알려주고, 내가 원하는 목적지를 말만하면 내비게이션이 최적의 경로로 안내해줍니다. 또한 스마트홈에 연결된 IT제품들을 컨트롤하여 에어컨을 켜거나 TV의 채널을 바꾸는 등 이 모든 것이 사람의 목소리만으로도 가능해졌습니다.

사실 음성 인식 기술로 작동되는 제품들은 사람처럼 말을 쉽게 알아듣고 대답하는 것처럼 보이지만 실제로는 복잡한 과정을 거치게 됩니다. 사람들이 일상적으로 쓰는 언어, 즉 자연어를 인공지능 스피커는 딥러닝 기반의 자연어 처리(Natural Language Processing, NLP) 기술을 통해 사람의 언어로 이해합니다. 따라서 수많은 자연어 데이터를 처리하고 분석하기 위해 인공지능 스피커는 다음과 같은 과정을 수행하게 됩니다.

1. 사람이 호출어(지니야, 헤이 구글 등)와 함께 인공지능 스피커에게 말을 합니다.
2. STT(speech-to-text) 기술을 통해 사람의 음성을 텍스트로 변환합니다.
3. 자연어 처리(NLP) 기술을 통해 데이터를 확인하고 처리합니다.
4. TTS(text-to-speech) 기술을 통해 처리한 텍스트를 오디오로 변환합니다.
5. 변환된 오디오는 스피커를 통해 송출되어 사람에게 응답합니다.

Q. 갈수록 진화하는 인공지능 스피커, 앞으로의 기술은?

"헤이 구글~ 잔잔한 노래 틀어줘~", "기분이 슬퍼 보이네요. 신나는 노래는 어떠세요?" 처럼 인공지능 스피커가 이제는 사람의 음성을 단순히 알아듣는 것이 아니라, 사람의 감정까지 이해하는 날이 머지않았습니다. 사용자의 음성에서 억양, 어조 등을 분석하여 감정을 읽음으로써 사용자의 기분에 맞춰 콘텐츠를 추천해 줄 수도 있습니다. 사람과 교감하는 인공지능 스피커는 우리의 삶에 새로운 변화를 불러오리라 기대합니다.

Section

02 안녕~ HELLO~
(실시간 음성인식 번역기 만들기)

＊엔트리의 인공지능 블록을 이용해 음성인식된 말을 영어나 다른 나라 말로 번역해주는 프로그램을 만들어봅시다.

지금 몇시입니까

What time is it now.

준비물	인공지능 블록 & 모델		
  마이크	**번역** 파파고를 이용하여 다른 언어로 번역할 수 있는 블록 모음입니다. 번역	**오디오 감지** 마이크를 이용하여 소리와 음성을 감지할 수 있는 블록 모음입니다. (IE/Safari 브라우저 미지원) 오디오 감지	**읽어주기** nVoice 음성합성 기술로 다양한 목소리로 문장을 읽는 블록모음 입니다. 읽어 주기

외국인과 대화할 때 각자의 나라 말로 말해도 서로 알아들을 수 있는 상황을 상상해본 적이 있나요? 상상만 했던 일들이 이제 이루어지고 있습니다.

구글 어시스턴트의 음성인식기술과 읽어주기 기능에 구글의 번역이 합쳐지면서 이제 실시간 통역이 가능해졌습니다. 이러한 통역 기능은 스마트폰이나 인공지능 스피커를 이용하여 사용할 수 있습니다. 안드로이드를 사용하는 스마트폰이나 인공지능 스피커에서 "ok 구글, 통역해줘~"라고 말하면 통역 기능을 사용할 수 있습니다. 앞으로는 귓속에 쏙 들어가는 작은 무선 이어폰에서도 이 기능을 활용할 수 있게 되어 외국인이 말하는 것을 바로 한국어로 통역해서 들을 수 있게 됩니다.

이번 시간에는 이러한 실시간 통역 프로그램을 오디오 감지 기능, 읽어주기 기능, 번역 기능을 이용하여 만들어 보도록 합시다.

1

씨앗파일 불러오기

2

인공지능 블록 선택하기

3

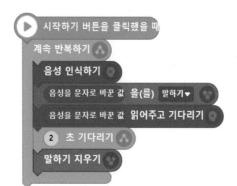

문자 번역 프로그램 만들기

4

문자 번역 확인하기

5

통역 프로그램 만들기

6

영어로 말하고 결과 확인하기

인공지능(AI) 체험활동 인공지능 번역기 체험하기

완성된 인공지능 번역기 프로그램을 실행해봅시다.

완성 프로그램

http://bit.ly/음성번역기
또는
http://naver.me/GBfhMCgg

1. 프로그램을 실행하여 "이름이 뭐니?"라고 말해봅시다. 번역된 결과를 적어봅시다.

2. 실시간 음성인식(AI) 번역기에 활용된 인공지능 기술을 보기에서 찾아봅시다.

─── [보기] ───

음성 인식 기술 / 이미지 인식 기술 / 자세 인식 기술 / 문자 읽어주기 기술

어떻게 만들까? 실시간 음성인식 번역기 설계하기

1. 실시간 번역 프로그램의 실행과정을 생각해보기

| 프로그램 실행하기
음성 인식하기 | 인식한 한국어를 문자로 바꾸기
한글을 영어로 바꾸기 | 번역한 내용을 표시하고
읽어준 뒤 2초 후 사라지기
이 과정을 계속 반복하기 |

2. 실시간 번역 프로그램을 설계하기

프로그램 실행

시작하기 버튼을 클릭했을 때
∨
(   ) 반복하기
∨
(   ) 인식하기
∨
음성을 문자로 바꾼 값을 (   )로 번역하기
∨
번역한 내용 화면에 표시하기
∨
번역한 내용 (   ) 기다리기
∨
(   ) 기다리기
∨
말하기 지우기
∨
프로그램 종료

보기	계속 / 음성 / 영어 / 읽어주고 / 2초

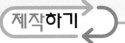 실시간 음성인식 번역기 만들기

1 크롬 브라우저를 실행하고 주소창에 'http://bit.ly/번역기씨앗'을 입력합니다.(접속이 안되면 'http://naver.me/xbw8Qe0M'에 접속합니다.)

2 엔트리 작품으로 이동하여 코딩을 하기 위해 [리메이크하기]를 선택합니다.

3 음성인식 번역기에 필요한 오브젝트가 준비되어 있습니다. 오브젝트를 실행하기 위해 필요한 블록을 살펴봅시다.

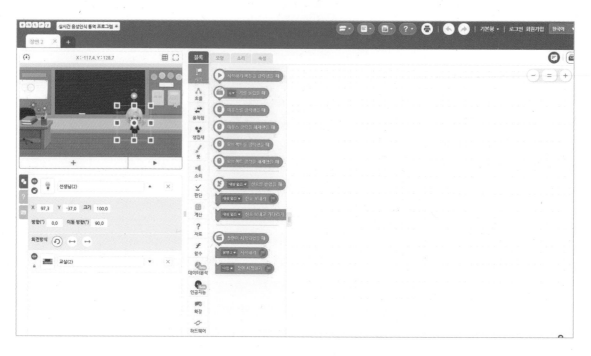

4 인공지능 블록을 생성하기 위해 [인공지능] 블록을 클릭한 후 [AI 블록 불러오기]를 선택합니다.

5 [번역], [오디오 감지], [읽어주기]를 선택한 후 [추가하기]를 클릭합니다.

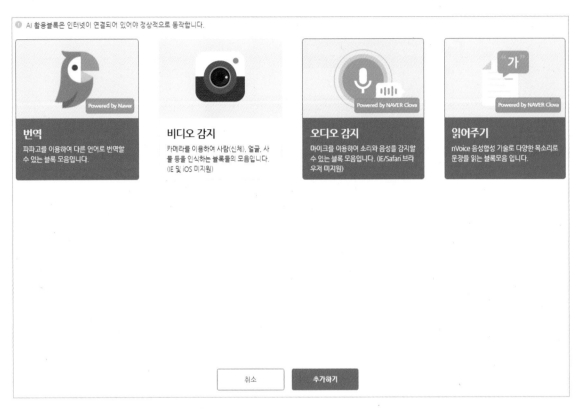

6 [인공지능] 카테고리에 생성된 인공지능 블록들을 확인합니다.

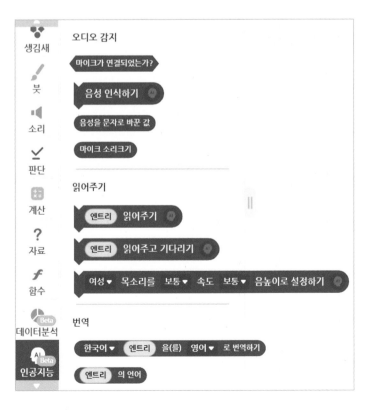

7 컴퓨터에 연결된 마이크의 음성인식이 바르게 작동하는지 확인하기 위해, 다음과 같이 프로그래밍한 후 [시작하기] 버튼을 클릭합니다.

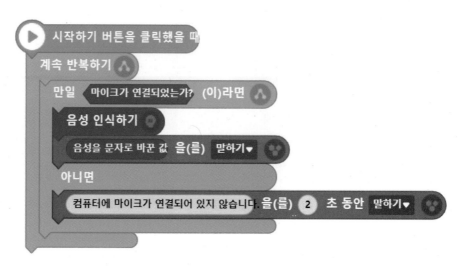

8 마이크에 음성이 입력되도록 "마이크 테스트"라고 말을 해봅니다.

9 음성인식이 제대로 되는지 확인합니다.

음성인식이 되는 경우

> **경고**
>
> 컴퓨터에 마이크가 연결되어있지 않습니다

음성인식이 안 되는 경우

10 내가 말하는 내용을 엔트리가 소리 내어 읽어주도록 [읽어주고 기다리기] 블록을 이용해 프로그래밍 합니다. [시작하기] 버튼을 클릭하고 "Hello Nice to meet you"라고 말한 뒤 인공지능이 바르게 말하는지 들어봅시다.

11 [인공지능의 목소리가 어떤가요?] 블록을 1개 추가하여 인공지능의 목소리와 속도, 음높이를 바꾸어 봅시다.

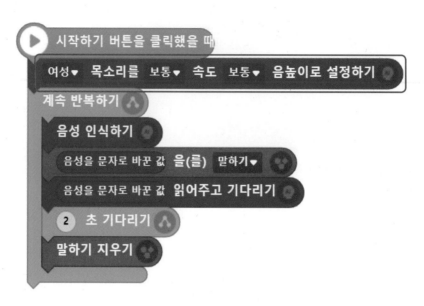

12 나의 말을 따라 말하는 것이 아닌 영어로 번역하여 말하도록 프로그래밍 해봅시다. [한국어 엔트리을(를) 영어로 번역하기] 블록을 이용합니다.

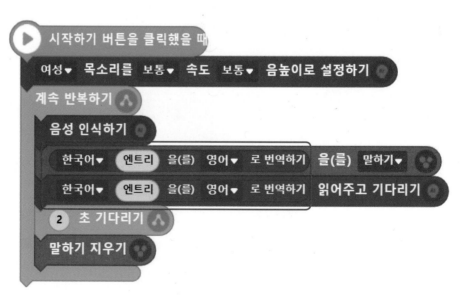

13 엔트리를 영어로 번역하는 것이 아니라 '나의 음성'을 영어로 번역해야 하므로 [음성을 문자로 바꾼 값] 블록을 엔트리 자리에 넣습니다

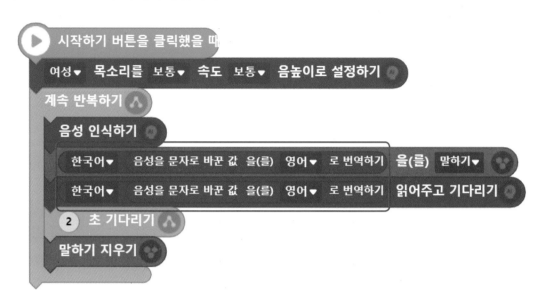

14 [시작하기] 버튼을 클릭하고 "지금 몇 시입니까"라고 말해봅니다. 인공지능 실시간 번역기가 바르게 작동하는지 확인해봅니다.

 영어를 한국어로 번역해주는 프로그램 만들기

1 영어로 말하면 한국어로 번역하는 프로그램을 만들기 위해 다음과 같이 프로그래밍 합니다.

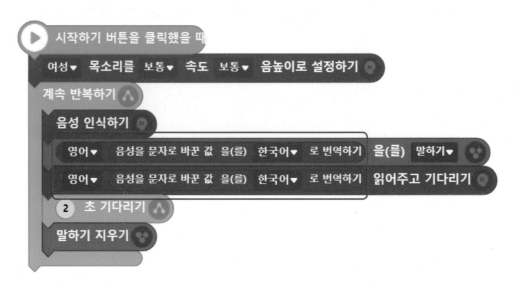

2 [시작하기] 버튼을 클릭하고 "What time is it now"라고 말해본 다음 인공지능 실시간 번역기가 바르게 작동하는지 확인해봅니다.

음성인식 서비스(Voice Assistant)

Q. 음성인식 서비스(Voice Assistant)란?

음성인식 서비스(Voice Assistant)는 키보드나 마우스 등의 장치를 이용해 기계에 명령을 내리지 않고 음성(목소리)만으로 기계를 작동시키는 기능을 말합니다.

애플의 시리(Siri), 삼성의 빅스비(Bixvy), 구글의 구글 어시스턴트(Google Assistant), 네이버의 클로바(Clova) 등이 대표적이며 생활 속에서 스마트폰이나 인공지능 스피커, 스마트 TV 등을 통해 음성인식 서비스를 사용할 수 있습니다.

Q. 음성인식 서비스를 어떻게 활용할 수 있을까요?

최근의 음성인식 기술은 음성을 인식하고 명령을 실행하는 단계를 넘어 사용되는 문장과 단어의 형태, 목소리 톤 등을 분석하여 말하는 사람의 감정을 파악할 수 있습니다. 또한 단위 시간 동안의 음성 데이터를 실시간으로 분석해 치매, 우울증과 같은 신체 질환의 징후를 감지하여 건강관리에 도움을 주는 등 기존의 단순한 음성인식 서비스를 넘어 보다 발전된 형태의 '지능형 음성인식 서비스'를 제공하게 될 예정입니다.

Q. 음성인식 서비스에 문제점은 없나요?

대부분의 음성인식 서비스는 사용자의 명령어를 잘 알아듣도록 데이터를 수집하기 위해 사용자의 목소리를 수집하고 있습니다. 문제는 저장된 사용자의 목소리를 사람이 듣고 문자화한다는 점입니다. 이에 음성인식 서비스를 제공하는 기업들은 사전에 사용자의 동의를 구한 경우에 한하여 제한된 인원들만 음성을 들을 수 있도록 하거나, 저장된 음성 정보를 일정 기간 후에 삭제하는 등의 조치를 취하고 있습니다.

03

나를 맞춰봐~
(나이, 성별, 감정 판별기 만들기)

✳ 얼굴을 인식하고 인공지능 비디오 감지 기능을 이용하여 나이, 성별, 감정을 판별할 수 있는 프로그램을 만들어봅시다.

13살입니다.

행복하네요.

여자이시네요.

준비물	인공지능 블록 & 모델
	비디오 감지 카메라를 이용하여 사람(신체), 얼굴, 사물 등을 인식하는 블록들의 모음입니다. (IE 및 iOS 미지원)
웹캠	비디오 감지

'얼굴 인식만으로 결제부터 할인 · 적립까지'

국내 한 편의점 브랜드에서 사람의 나이, 성별 등 얼굴 정보를 인식하여 결제부터 할인, 적립까지 가능한 점포를 오픈하였습니다. 점포에 설치한 다양한 카메라와 센서를 이용하여 소비자가 담은 장바구니의 물건들을 파악하면 무인 결제 시스템이 자동으로 결제까지 해줍니다. 고객이 편의점 입구에 설치된 안면 등록 컴퓨터에서 자신의 안면 정보와 개인 정보를 최초 1회만 등록하면 휴대폰 없이 얼굴 인식만으로 매장 출입과 상품 결제가 가능합니다.

이러한 나이, 성별, 감정 인식 인공지능은 다양한 영역에서 활용될 수 있습니다. 콜센터에 감정 감지 및 인식 기능을 적용하면 고객의 음성 톤에 따라 통화를 분류하고, 감정을 분석할 수 있습니다. 고객의 감정 상태에 따라 안내 멘트를 변경하거나 전화를 받는 상담사를 지정하는 것이 가능하다는 의미입니다.

또한 자동차에 이러한 기술을 적용하면 운전자의 감정과 집중도, 피로도 등을 자동으로 측정하고, 이를 통하여 안전하게 운전을 할 수 있도록 도와줄 수도 있습니다.

1

씨앗파일 불러오기

2

비디오 감지

카메라를 이용하여 사람(신체), 얼굴, 사물 등을 인식하는 블록들의 모음입니다. (IE 및 iOS 미지원)

인공지능 블록 선택하기

3

얼굴 인식 확인하기

4

나이 성별 감정

20세 입니다.

나이 판별하기

5

나이 성별 감정

남성이시군요.

성별 판별하기

6

나이 성별 감정

행복하네요.

감정 판별하기

인공지능(AI) 체험활동 나이, 성별, 감정 판별 프로그램 체험하기

완성된 나이, 성별, 감정 판별 프로그램을 실행해봅시다.

완성 프로그램

http://bit.ly/나이성별감정 또는
http://naver.me/IG6XUuYx

1. 프로그램을 실행하여 인공지능이 인식하는 내 나이를 확인해봅시다.

2. 프로그램을 실행하여 인공지능이 인식하는 내 성별을 확인해봅시다.

3. 프로그램을 실행하고 얼굴 표정을 바꾸어보며 인공지능이 인식할 수 있는 감정은 어떠한 것들이 있는지 적어봅시다.

4. 나이, 성별, 감정 판별 프로그램에 활용된 인공지능 기술을 [보기]에서 찾아봅시다.

― [보기] ―
음성 인식 기술 / 얼굴 인식 기술 / 자세 인식 기술

어떻게 만들까? 나이, 성별, 감정 판별 프로그램 프로그램 설계하기

1. 앞에서 살펴본 얼굴필터 프로그램의 작동방법에 대하여 살펴봅시다.

오브젝트를 클릭했을 때 카메라가 켜지고, 선택한 오브젝트가 카메라에 인식된 얼굴을 따라다니는 프로그램입니다.

2. 얼굴 필터 프로그램 알고리즘 설계하기

프로그램 실행

∨

비디오감지-(   ) 시작하기

∨

'얼굴이 인식되었습니다.' 말하기

∨

나이를 클릭했을 때	성별을 클릭했을 때	감정을 클릭했을 때
'나이판별' ( ) 보내기	'성별판별' ( ) 보내기	'감정판별' ( ) 보내기
'나이판별' 신호를 받았을 때	'성별판별' 신호를 받았을 때	'감정판별' 신호를 받았을 때
인식한 얼굴의 나이 ( )	인식한 얼굴의 성별 ( )	인식한 얼굴의 감정 ( )

∨

프로그램 종료

─────[보기]─────
얼굴인식 / 신호 / 말하기

1 크롬 브라우저를 실행하고 주소창에 'bit.ly/나이성별감정씨앗'을 입력합니다.
(접속이 안되면 'http://naver.me/FHYjq7QO'를 입력합니다.)

2 엔트리 작품으로 이동하여 프로그래밍을 하기 위해 [리메이크하기]를 선택합니다.

3 나이, 성별, 감정 판별기에 필요한 오브젝트가 준비되어 있습니다. 먼저 비디오 인식 기능을 엔 트리봇 오브젝트가 실행할 수 있도록 오브젝트 목록에서 [엔트리봇] 오브젝트를 선택합니다.

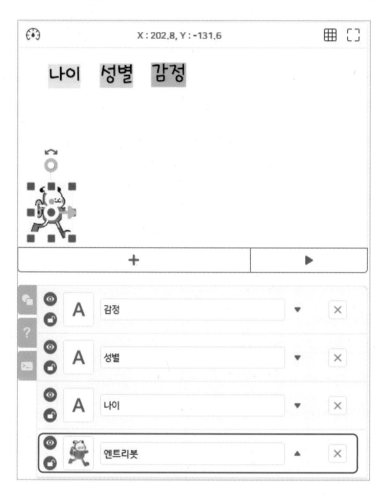

4 인공지능 블록을 생성하기 위해 [블록] 탭에서 [인공지능] 카테고리를 선택한 후 [인공지능 블록 불러오기]를 클릭합니다.

5 인공지능 블록 가운데 [비디오 감지]를 선택한 후 [추가]를 클릭합니다.

6 [인공지능] 카테고리에 생성된 인공지능 블록들을 확인합니다.

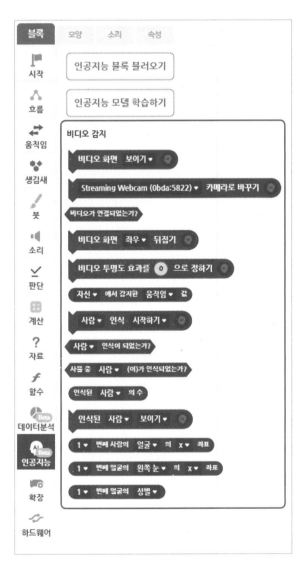

7 3개의 필터 중 선택한 필터만 동작시키기 위하여 신호 블록이 필요합니다. 신호 블록을 생성하기 위해 [속성] 탭에서 [신호]를 선택한 후 [신호 추가하기]를 클릭합니다.

8 '나이판별', '성별판별', '감정판별' 신호를 각각 추가합니다.

9 [블록] 탭에서 [시작] 카테고리에 생성된 신호 블록들을 확인합니다.

10 얼굴 인식 기능을 확인하기 위해 관련 명령 블록을 가져와 조립한 뒤 실행해봅니다. 인식된 얼굴이 붉은 색 테두리로 나타나는 것을 확인합니다.

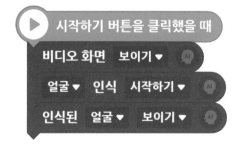

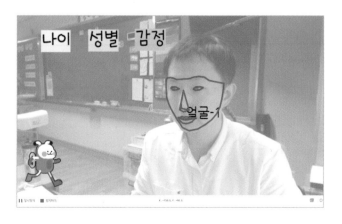

11 나이 오브젝트 동작을 프로그래밍하기 위해 오브젝트 리스트에서 '나이'를 선택합니다.

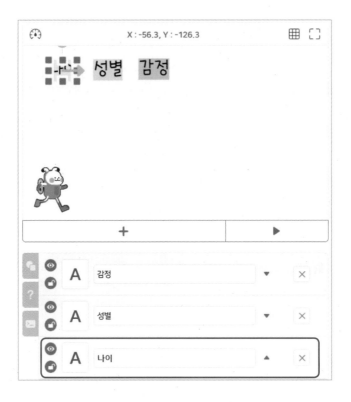

12 나이 오브젝트를 클릭했을 때 '나이판별' 신호를 보내도록 합니다.

13 다시 오브젝트 리스트에서 엔트리봇을 선택합니다. 나이판별 신호를 받았을 때 엔트리봇이 인식된 얼굴의 나이를 말하도록 프로그래밍 합니다.

14 성별 오브젝트의 동작을 프로그래밍하기 위해 오브젝트 리스트에서 '성별'을 선택합니다.

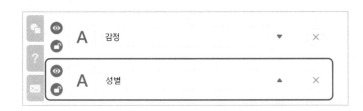

15 성별 오브젝트를 클릭했을 때 '성별판별' 신호를 보내도록
합니다.

16 다시 오브젝트 리스트에서 엔트리봇을 선택합니다. 성별판별 신호를 받았을 때 엔트리봇이 인식
된 얼굴의 성별을 말하도록 프로그래밍 합니다.

17 감정 오브젝트의 동작을 프로그래밍하기 위해 오브젝트 리스트에서 '감정'을 선택합니다.

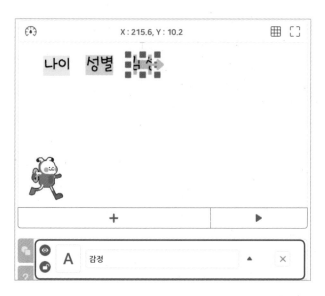

18 감정 오브젝트를 클릭했을 때 '감정판별' 신호를 보내도록 합니다.

19 다시 오브젝트 리스트에서 엔트리봇을 선택합니다. 감정판별 신호를 받았을 때 엔트리봇이 인식된 얼굴의 감정을 말하도록 프로그래밍 합니다.

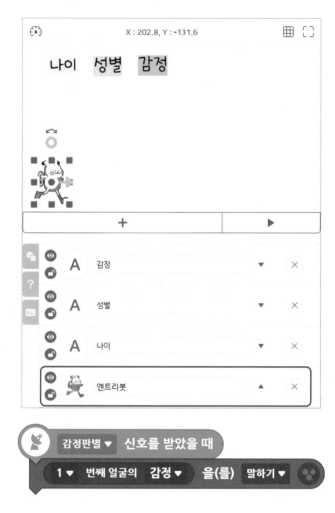

20 글자 합치기 블록을 이용하여 엔트리봇이 단어나 숫자만 말하는 것이 아니라 완성된 문장을 말하도록 만들어 줍니다. 완성된 프로그램을 실행시켜봅니다. 엔트리봇이 나의 나이와 성별, 감정을 잘 맞추는지 확인해 보세요

 내 감정을 이해해주는 프로그램 만들기

인공지능이 인식한 나의 감정에 따라 엔트리봇이 적절한 말을 할 수 있도록 해봅시다. 내가 기쁠 때는 함께 즐거워해주고, 내가 슬플 때는 위로의 말을 전하는 프로그램을 만들어 봅시다.

1 앞서 만든 프로그램에서 인공지능이 인식하는 감정의 종류를 확인해봅시다.

2 인공지능이 인식한 감정을 엔트리봇이 2초 동안 말한 뒤, 인식한 감정이 '행복'일 때 엔트리봇이 함께 기뻐해주는 말을 할 수 있도록 프로그래밍 합니다.

3 인공지능이 인식한 감정이 '슬픔'일 때 엔트리봇이 위로해주는 말을 할 수 있도록 프로그래밍 합니다.

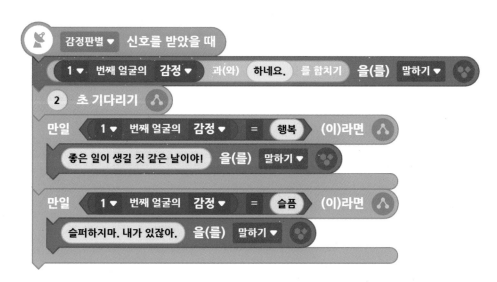

4 인공지능이 인식한 감정이 '분노'일 때 엔트리봇이 함께 공감해주는 말을 할 수 있도록 프로그래밍 합니다.

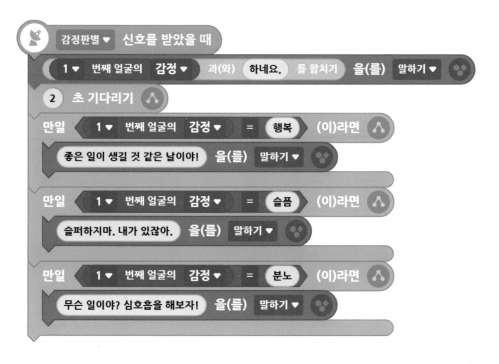

5 인공지능이 인식한 감정이 '무표정'일 때 엔트리봇이 응원해주는 말을 할 수 있도록 프로그래밍합니다.

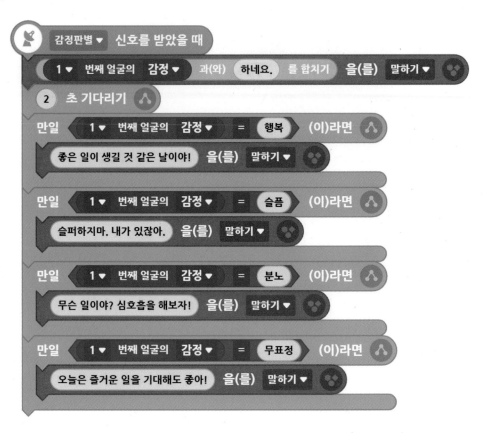

6 프로그램을 실행하여 잘 작동하는지 확인하여 봅니다.

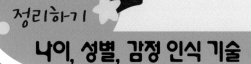

나이, 성별, 감정 인식 기술

Q. 안면 인식 기술의 가능성은 어디까지일까요?

안면 인식 기술은 사람을 구별하는 것을 넘어 얼굴의 특징, 표정, 근육 등 다양한 데이터를 바탕으로 사람의 나이, 성별, 감정 등을 인식할 수 있습니다. 또한 얼굴뿐 아니라 맥박이나 심장 박동, 호흡, 땀의 변화 등을 감지하여 나이, 성별, 감정을 예측하는 기술도 개발되고 있습니다.

Q. 나이, 성별, 감정을 인식하는 기술을 어떻게 활용할 수 있을까요?

서울대학교병원 안과 박상준 교수 연구팀은 사람 눈 속의 망막 안저 사진을 통해 나이, 성별을 예측하는 알고리즘을 개발했습니다. 이 알고리즘은 정상인을 대상으로 성별은 96%이상, 나이는 평균오차 3.6세 이하로 매우 높은 적중률을 보입니다. 이 기술을 활용하면 당뇨나 고혈압 등 질병이 있을 때 겉모습으로는 비슷해 보이지만 망막 안저의 경우 노화가 빠르게 진행되는 것을 통해 질병의 유무 및 건강상태를 종합적으로 판단할 수 있는 알고리즘을 개발할 수 있을 것으로 전망되고 있습니다. 또한 현대자동차에서는 감정인식 기술을 적용한 자동차를 개발 중입니다. 운전자가 화난 감정을 보인다면 난폭 운전을 하지 않도록 최대 속력을 줄이거나 밝은 음악을 틀어주는 등 안전을 위한 기술은 물론, 운전자와 공감하며 대화하는 네비게이션 등 감정 인식 기술을 활용한 다양한 서비스를 개발하고 있습니다.

Q. 나이, 성별, 감정 인식 기술에 문제점은 없나요?

나이, 성별, 감정을 인식하는데 필요한 이미지를 서버에 전달해 분석하기 때문에 내 얼굴 정보가 어딘가로 이동되고 저장되는 것에 대한 부담이 있을 수 있습니다. 또한 데이터를 기반으로 예측하는 인공지능은 데이터의 성질에 따라 편향적인 경향을 보이기도 합니다. 실제로 안면인식 인공지능인 페이스 플러스 플러스(Face++)는 흑인들의 표정을 백인들에 비해 더 화나고 불행한 것으로 평가하기도 했습니다. 이는 인공지능 을 개발하는 과정에서 사람들의 고정관념이 반영되었기 때문으로, 인공지능 기술을 맹신하는 것에는 문제가 있을 수 있습니다.

Section

04 내 얼굴로 아바타를?
(얼굴 필터 감지 프로그램 만들기)

* 내 얼굴을 인식하고 인공지능 비디오 감지 기능을 이용하여 재미있는 그림으로 내 얼굴을 꾸밀 수 있는 프로그램을 만들어 봅시다.

준비물	인공지능 블록 & 모델
	비디오 감지 카메라를 이용하여 사람(신체), 얼굴, 사물 등을 인식하는 블록들의 모음입니다. (IE 및 iOS 미지원)
웹캠	비디오 감지

인공지능 얼굴 인식 기술

(출처: 카메라 앱 snow)

사람의 얼굴을 인식하여 다양한 스티커와 필터로 재미있는 사진을 찍어주는 어플리케이션을 사용해 본적 있나요? 이러한 어플리케이션은 사람의 얼굴을 인식하는 기술을 기반으로 만들어 졌습니다.

이러한 얼굴 인식 기술은 우리 생활 속 다양한 곳에서 활용될 수 있습니다.

한 예로 한국전자통신연구원(ETRI)은 인공지능 얼굴정보 인식 기술을 이용, 사람의 얼굴 정보를 카메라로 인식하여 범죄자의 얼굴을 식별, 건물 출입 통제, 감염병 접촉자 판별 등에 활용이 가능한 기술을 선보였습니다.

또한 국내 한 카드회사에서는 얼굴인식 결제인 '페이스페이(Face Pay)' 서비스를 시작하였습니다. 얼굴 등록이 가능한 은행에서 카드와 얼굴 정보를 1회 등록 후, 페이스페이가 가능한 상점에서 얼굴 인식만으로 결제를 하는 방식입니다.

인공지능 얼굴 인식 기술은 앞으로 더욱 주목받으며 다양한 곳에서 활용될 것입니다.

1

씨앗파일 불러오기

2

비디오 감지

카메라를 이용하여 사람(신체), 얼굴, 사물 등을 인식하는 블록들의 모음입니다. (IE 및 iOS 미지원)

인공지능 블록 선택하기

3

얼굴인식 확인하기

4

신호 추가하기

5

프로그래밍하기

6

실행하기

얼굴 필터 프로그램 체험하기

완성된 얼굴 필터 프로그램을 실행해봅시다.

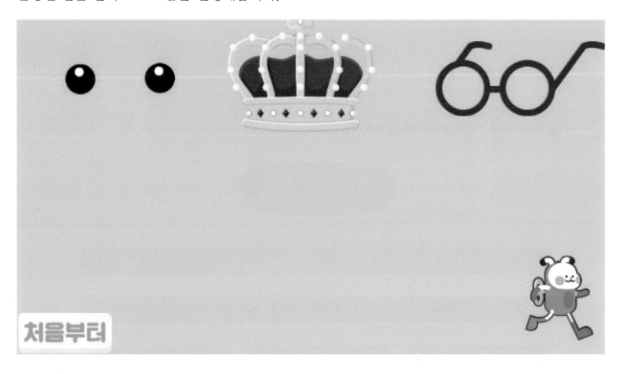

처음부터

완성 프로그램

http://bit.ly/얼굴필터
또는
http://naver.me/57woAr7z

---

1. **프로그램을 실행하여 내 얼굴에 재미있는 필터를 적용해봅시다.**

2. **얼굴 필터 프로그램에 활용된 인공지능 기술을 [보기]에서 찾아봅시다.**

───── [보기] ─────

음성 인식 기술 / 얼굴 인식 기술 / 자세 인식 기술

어떻게 만들까? 얼굴 필터 프로그램 설계하기

1. 앞에서 살펴본 얼굴필터 프로그램의 작동방법에 대하여 살펴봅시다.

오브젝트를 클릭했을 때 카메라가 켜지고, 선택한 오브젝트가 카메라에 인식된 얼굴을 따라다니는 프로그램입니다.

2. 얼굴 필터 프로그램 알고리즘 설계하기

```
              ┌──────────────────┐
              │   프로그램 실행    │
              └──────────────────┘
                       v
      ┌───────────────────────────────────────┐
      │  '원하는 필터를 선택하세요' 말하기       │
      └───────────────────────────────────────┘
      ┌───────────────────────────────────────┐
      │      비디오감지-(        ) 시작하기      │
      └───────────────────────────────────────┘
```

눈동자를 클릭했을 때	왕관을 클릭했을 때	안경을 클릭했을 때
'눈동자 시작 ( ) 보내기	'왕관 시작 ( ) 보내기	'안경 시작 ( ) 보내기
'눈동자 시작 신호를 받았을 때	'왕관 시작 신호를 받았을 때	'안경 시작 신호를 받았을 때
인식된 얼굴 왼쪽 눈의 ( )좌표로 위치 이동하기	인식된 얼굴 왼쪽 눈의 ( )좌표로 위치 이동하기	인식된 얼굴 왼쪽 눈의 ( )좌표로 위치 이동하기

```
      ┌───────────────────────────────────────┐
      │ 다른 오브젝트를 선택했을 때에는 자신의 (        ) │
      └───────────────────────────────────────┘
                       v
              ┌──────────────────┐
              │   프로그램 종료    │
              └──────────────────┘
```

───── [보기] ─────

얼굴인식 / x, y좌표 / 모양숨기기 / 신호

1 크롬 브라우저를 실행하고 주소창에 'bit.ly/얼굴필터씨앗'을 입력합니다.
(접속이 안되면 'http://naver.me/xE1mUAXx'를 입력합니다.)

2 엔트리 작품으로 이동하여 프로그래밍을 하기 위해 [리메이크하기]를 선택합니다.

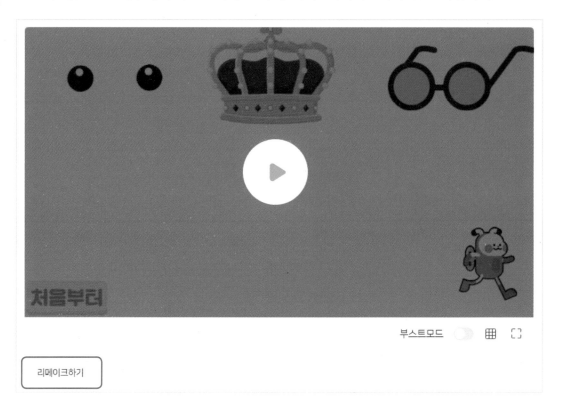

3 인공지능 계산대 만들기에 필요한 오브젝트가 준비되어 있습니다. 먼저 비디오 인식 기능을 엔트리봇 오브젝트가 실행할 수 있도록 오브젝트 목록에서 '엔트리봇' 오브젝트를 선택합니다.

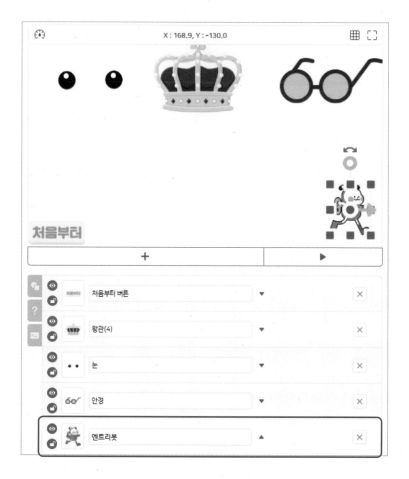

4 인공지능 블록을 생성하기 위해 [블록] 탭에서 [인공지능] 카테고리를 선택한 후 [인공지능 블록 불러오기]를 클릭합니다.

5 인공지능 블록 가운데 [비디오 감지]를 선택한 후 [추가]를 클릭합니다.

6 [인공지능] 카테고리에 생성된 인공지능 블록들을 확인합니다.

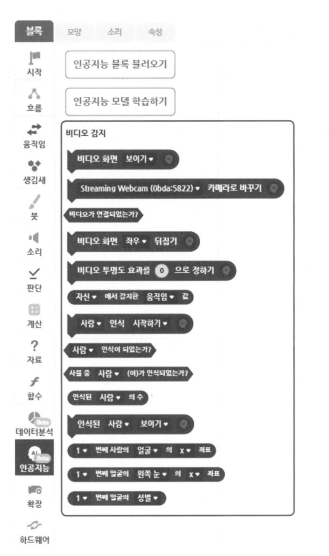

7 3개의 필터 중 선택한 필터만 동작시키기 위하여 신호 블록이 필요합니다. 신호 블록을 생성하기 위해 [속성] 탭에서 [신호]를 선택한 후 [신호 추가하기]를 클릭합니다.

8 '처음부터', '안경 시작', '왕관 시작', '눈동자 시작' 신호를 각각 추가합니다.

9 [블록] 탭에서 [시작] 카테고리에 생성된 신호 블록들을 확인합니다.

10 프로그램이 시작되면 '처음부터' 신호를 보냅니다. '처음부터' 신호를 받았을 때 '원하는 필터를 선택하세요'라고 말하고, 비디오 화면을 엔트리 화면에 나오도록 합니다. 그리고 얼굴 인식을 시작합니다. 얼굴이 제대로 인식되는지 확인하기 위해 [인식된 얼굴 보이기] 블록을 연결합니다.

11 안경 오브젝트의 동작을 프로그래밍하기 위해 오브젝트 리스트에서 '안경'을 선택합니다.

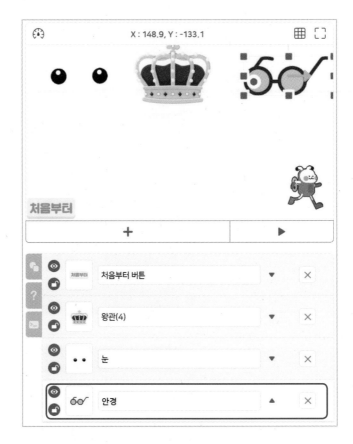

12 안경 오브젝트를 클릭했을 때 '안경 시작' 신호를 보내도록 합니다.

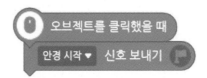

13 '안경 시작' 신호를 받았을 때의 동작을 프로그래밍 합니다. 안경 오브젝트가 인식된 얼굴을 계속 따라다녀야 하므로 [계속 반복하기] 블록을 연결합니다.

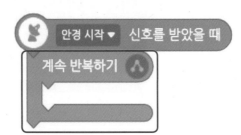

14 안경 오브젝트의 모양을 나타나게 합니다. 그리고 오브젝트의 위치를 x좌표는 '1번째 얼굴의 왼쪽 눈의 x좌표', y좌표는 '1번째 얼굴의 왼쪽 눈의 y좌표'로 지정합니다.

15 다른 오브젝트를 클릭했을 때는 안경 오브젝트의 모양을 숨기도록 다른 오브젝트를 동작하기 위한 신호를 받았을 때 [모양 숨기기] 블록을 연결합니다.

16 같은 방법으로 눈동자 오브젝트의 움직임을 프로그래밍 합니다. 앞서 만든 안경 오브젝트의 명령 블록과 거의 비슷하지만 다른 신호를 이용한다는 것에 주의합니다.

17 같은 방법으로 왕관 오브젝트의 움직임을 프로그래밍 합니다.

18 [처음부터] 버튼 오브젝트를 선택하고 프로그래밍 합니다. 오브젝트를 클릭했을 때 [처음부터 다시 실행하기] 블록을 연결합니다.

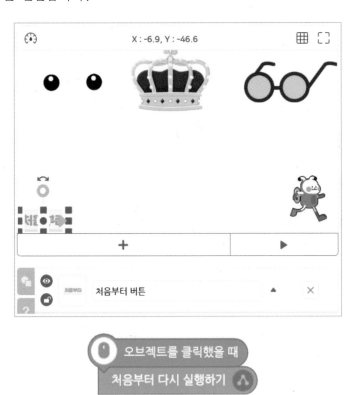

19 완성된 프로그램을 실행시켜 봅니다. 안경 오브젝트의 위치가 인식된 얼굴의 눈의 위치와 맞지 않을 때는 오브젝트의 중심점을 조절하여 눈의 위치에 올 수 있도록 합니다.

20 눈동자와 왕관 오브젝트의 중심점도 조절하여 인식된 얼굴의 원하는 위치에 올 수 있도록 합니다.

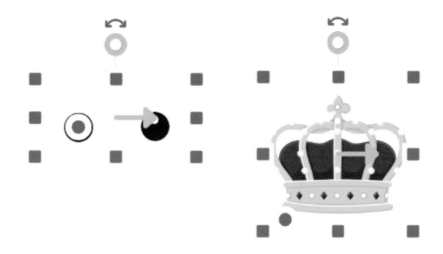

 **여러 명의 얼굴을 인식하는 얼굴 필터 프로그램 만들기**

완성된 얼굴 필터 프로그램을 실행해봅시다. 현재의 프로그램은 한 명의 얼굴만을 인식하여 그림이 따라다닐 수 있습니다. 두 명의 얼굴 또는 그 이상의 얼굴을 인할 수 있는 얼굴 필터 프로그램을 만들어 봅시다.

1 인식한 얼굴이 한 명이 아닐 경우 안경 오브젝트의 복제본을 만듭니다.

```
안경 시작 ▼ 신호를 받았을 때
계속 반복하기
    만일   인식된  얼굴 ▼  의 수   !=   1   (이)라면
        자신 ▼  의 복제본 만들기
    모양 보이기
    x:  1 ▼  번째 얼굴의  왼쪽 눈 ▼  의  x ▼  좌표  y:  1 ▼  번째 얼굴의  왼쪽 눈 ▼  의  y ▼  좌표   위치로 이동하기
```

2 만들어진 복제본이 2번째 얼굴의 왼쪽 눈을 기준으로 따라다닐 수 있도록 프로그래밍 합니다.

```
복제본이 처음 생성되었을때
계속 반복하기
    x:  2 ▼  번째 얼굴의  왼쪽 눈 ▼  의  x ▼  좌표  y:  2 ▼  번째 얼굴의  왼쪽 눈 ▼  의  y ▼  좌표   위치로 이동하기
```

3 두 명의 얼굴이 인식되었다가 한 명이 사라진 경우 만들어진 복제본이 계속 남아 있게 됩니다. 이 오류를 수정하기 위하여 인식된 얼굴의 수가 하나일 때 만들어진 복제본을 삭제하여 줍니다.

4 인식된 얼굴의 수가 2명 보다 많을 경우는 (인식된 얼굴의 수−1) 만큼 안경 오브젝트의 복제본을 반복하여 만들어 줍니다.

```
안경 시작 ▼ 신호를 받았을 때
계속 반복하기
  만일  인식된  얼굴 ▼  의 수  !=  1  (이)라면
    인식된  얼굴 ▼  의 수  번 반복하기
      자신 ▼  의 복제본 만들기
  모양 보이기
  x:  1 ▼  번째 얼굴의  왼쪽 눈 ▼  의  x ▼  좌표  y:  1 ▼  번째 얼굴의  왼쪽 눈 ▼  의  y ▼  좌표  위치로 이동하기
```

05 만들어진 복제본들이 각각의 얼굴을 따라다닐 수 있도록 프로그래밍 합니다.

06 프로그램을 실행하여 잘 작동하는지 확인하여 봅니다.

인공지능 얼굴(사람) 인식 어플리케이션

Q. 얼굴 인식 기술이란 무엇인가요?

얼굴 인식 기술은 사람의 얼굴을 분석한 후 3차원 측정과 열, 적외선 촬영 등을 통해 얼굴 형태와 열상을 스캔하여 개인을 인식하고 식별할 수 있는 기술을 말합니다.

Q. 인공지능 얼굴(사람) 인식 기술을 어떻게 활용할 수 있을까요?

얼굴 인식 기술은 정부와 기업에서 개인을 식별하기 위해 주로 사용됩니다. 공항의 출입국 간소화 시스템이나 병원에서의 정확하고 신속한 환자 관리, 은행이나 금융회사의 결재 시스템, 범죄 용의자 발견, 건물의 출입 통제 등 다양하게 활용되고 있습니다. 실제로 미국 뉴욕시의 경우 모든 다리와 터널에 운전자의 얼굴을 식별하는 카메라를 설치하였습니다. 테러 용의자의 얼굴을 미리 식별하여 혹시나 발생할 수 있는 사건을 방지하기 위해서이죠.

이 밖에도 얼굴 인식 기술은 무인택배 시스템, 숙박업소 예약자 및 투숙객의 신원 확인, 대규모 시험에서의 수험생 확인, 도서대출 등 다양한 영역에서 활용될 수 있습니다.

Q. 인공지능 얼굴(사람) 인식 기술에 문제점은 없나요?

기술이 발전하는 만큼 얼굴 인식에 대한 우려의 목소리도 커지고 있습니다. 한 예로 온라인 수업이 활성화 되면서 직접 얼굴을 맞대지 않는다는 것으로 인한 부정 행위 또한 늘어났습니다. 이를 막기 위해 출석 확인뿐만 아니라 학생의 집중도, 참여도 등을 얼굴 인식으로 확인하는 기술을 적용하려는 곳도 있습니다. 하지만 이는 과도한 개인정보 수집과 사생활 침해라는 비판을 받을 수 있습니다. 또한 현재의 얼굴 인식 인공지능은 백인 남성의 얼굴은 비교적 정확하게 판별할 수 있지만 그 외의 인종, 성별에 대해서는 판별 능력이 떨어지는 단점이 있습니다.

Section

05 몸으로 말해요
(인공지능 자전거 수신호 익히기)

✽ 자전거를 타는 사람들의 신체동작을 이용해서 이동방향을 파악할 수 있는 인공지능 자전거 수신호 익히기 프로그램을 만들어 봅시다.

준비물	인공지능 블록 & 모델	
	비디오 감지 카메라를 이용하여 사람(신체), 얼굴, 사물 등을 인식하는 블록들의 모음입니다. (IE 및 iOS 미지원)	**읽어주기** nVoice 음성합성 기술로 다양한 목소리로 문장을 읽는 블록모음 입니다.
웹캠	비디오 감지	읽어주기

가족들과 가정에서 홈 트레이닝을 해 본 경험이 있나요? 최근 바깥 활동에 제한이 이루어지면서 많은 사람들이 홈트(홈 트레이닝)를 경험하고 있습니다.

홈 트레이닝에서는 운동을 하는 사람의 동작을 카메라로 인식해서 정확한 동작이 이루어지고 있는지 확인하고 자세 교정을 위한 조언을 제공해 줍니다.

그리고 댄스 수업에서도 인공지능 튜터를 활용하여 신체의 부위를 카메라로 인식하여 전문 무용수들의 동작과 비교하여 교정을 해주는 프로그램이 운행되고 있습니다.

이번 시간에는 이렇게 우리 신체의 동작을 통해 동작의 의미를 파악할 수 있는 자전거 수신호 익히기 프로그램을 만들어 보겠습니다.

씨앗파일 불러오기

인공지능 블록 선택하기

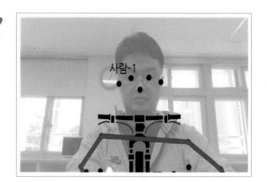

비디오 인식 확인하기

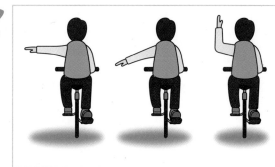

동작 인식을 위한 조건 확인하기

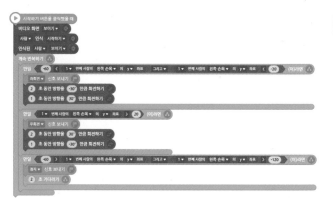

프로그래밍하기

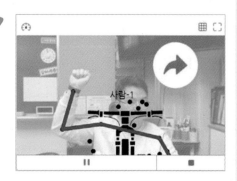

실행하기

자전거 수신호 익히기 프로그램 체험하기

완성된 자전거 수신호 익히기 프로그램을 실행해봅시다.

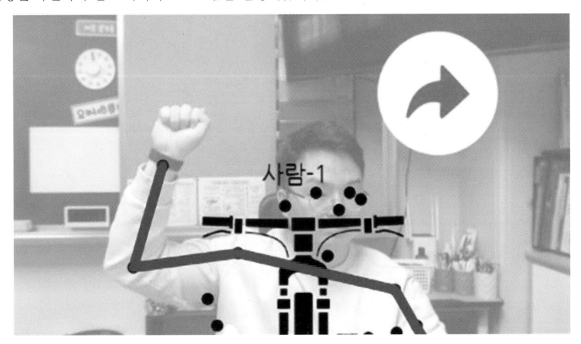

완성 프로그램

bit.ly/자전거수신호
또는
http://naver.me/5aVC5vfj

---

1. 프로그램을 실행하여 왼손을 각각 다음 모양으로 만들어 카메라에 인식시키고 인식 결과를 적어
   봅시다.

--- [보기] ---

좌회전 / 우회전 / 정지

어떻게 만들까? 자전거 수신호 익히기 프로그램 설계하기

1. **앞에서 살펴본 자전거 수신호 익히기 프로그램의 작동방법에 대하여 살펴봅시다.**

   [시작하기] 버튼을 눌렀을 때 카메라가 켜지고 카메라에 보이는 왼손의 동작에 따라 좌회전, 우회전, 정지 신호를 익힐 수 있도록 알려주는 프로그램입니다.

2. **인공지능 계산대 프로그램 알고리즘 설계하기**

```
            프로그램 실행
                ∨
        시작하기 버튼을 눌렀을 때
                ∨
          (      )인식 시작하기
                ∨
```

만일 왼손 ( )의 Y좌표가 ( )(이)라면	만일 왼손 ( )의 Y좌표가 ( )(이)라면	만일 왼손 ( )의 Y좌표가 ( )(이)라면
( ) 모양 나타내고 ( )을 1초 동안 말하기	( ) 모양 나타내고 ( )을 1초 동안 말하기	( ) 모양 나타내고 ( )을 1초 동안 말하기
모양 숨기기	모양 숨기기	모양 숨기기

```
            프로그램 종료
```

─── [보기] ───
수평 / 위로 / 아래로 / 비디오 / 좌회전 / 우회전 / 정지

1 크롬 브라우저를 실행하고 주소창에 'http://bit.ly/자전거수신호씨앗'을 입력합니다.
(접속이 안되면 'http://naver.me/5jASNv09'를 입력합니다.)

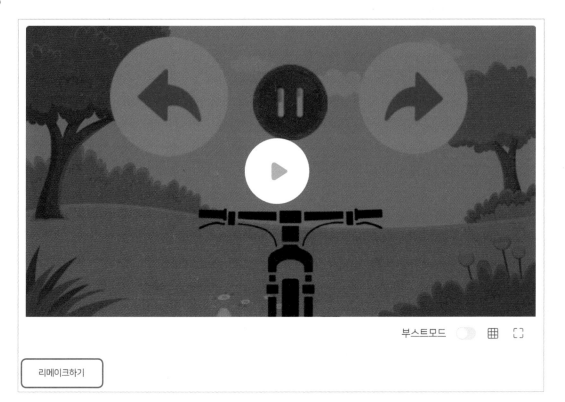

2 엔트리 작품으로 이동하여 코딩을 하기 위해 [리메이크하기]를 선택합니다.

3 자전거 수신호 익히기 프로그램 만들기에 필요한 오브젝트가 준비되어 있습니다.

4 인공지능 블록을 활용하기 위해 [인공지능 블록]을 클릭한 후 [인공지능 블록 불러오기]를 클릭합니다.

5 비디오로 신체를 인식하기 위해 [비디오 감지]를, 음성으로 수신호의 의미를 안내하기 위해 [읽어주기]를 선택합니다.

번역
파파고를 이용하여 다른 언어로 번역할 수 있는 블록 모음입니다.

비디오 감지
카메라를 이용하여 사람(신체), 얼굴, 사물 등을 인식하는 블록들의 모음입니다. (IE 및 iOS 미지원)

오디오 감지
마이크를 이용하여 소리와 음성을 감지할 수 있는 블록 모음입니다. (IE/Safari 브라우저 미지원)

읽어주기
nVoice 음성합성 기술로 다양한 목소리로 문장을 읽는 블록모음 입니다.

6 '잔디언덕' 배경 오브젝트가 실행이 되면 1초 후에 배경이 사라지도록 코딩합니다.
(사람의 동작을 인식시키기 위해 사람의 모습을 보이게 하기 위해서는 배경이 보이지 않아야 합니다.)

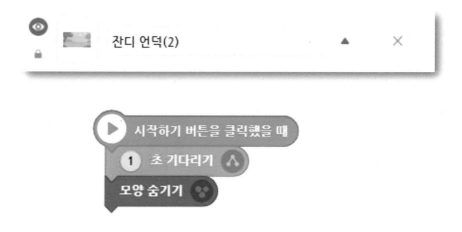

7 '자전거' 오브젝트에 코딩을 진행합니다. 실행을 했을 때 비디오 화면이 보이고 사람이 카메라에 인식이 되면 사람의 모습을 실행 화면에 나타날 수 있도록 코딩합니다.

8 자전거 수신호 3개를 동작으로 구분하기 위한 기준을 선정합니다. 여기에서는 왼쪽 손목의 높이 (Y좌표)를 기준으로 선정합니다.

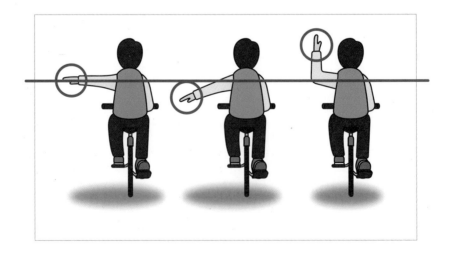

9 '좌회전' 수신호는 왼쪽 손목이 수평을 이루어야 하기 때문에 화면에서 기준에 맞는 Y좌표 수치를 지정하여 해당 높이에 왼쪽 손목이 위치하면 좌회전 신호를 보내고, 자전거 오브젝트가 왼쪽으로 일정시간 기울다가 돌아오도록 코딩합니다.

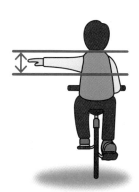

만일 ⟨ -60 ⟨ 1▼ 번째 사람의 왼쪽 손목▼ 의 y▼ 좌표 그리고▼ 1▼ 번째 사람의 왼쪽 손목▼ 의 y▼ 좌표 ⟨ -20 ⟩ (이)라면 ∧
　좌회전▼ 신호 보내기 🏳
　2 초 기다리기 ∧

10 '우회전' 수신호는 왼쪽 손목이 위로 가도록 해야 하기 때문에 화면에서 기준에 맞는 Y좌표 수치를 지정하여 해당 높이에 왼쪽 손목이 위치하면 우회전 신호를 보내고, 자전거 오브젝트가 오른쪽으로 일정시간 기울다가 돌아오도록 코딩합니다.

만일 ⟨ 1▼ 번째 사람의 왼쪽 손목▼ 의 y▼ 좌표 ⟩ 20 ⟩ (이)라면 ∧
　우회전▼ 신호 보내기 🏳
　2 초 기다리기 ∧

11 '정지' 수신호는 왼쪽 손목이 아래로 내려가야 하기 때문에 화면에서 기준에 맞는 Y좌표 수치를 지정하여 해당 높이에 왼쪽 손목이 위치하면 정지 신호를 보내도록 코딩합니다.

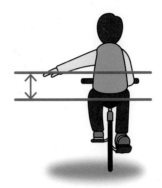

만일 〈 -60 〉 > 〈 1▼ 번째 사람의 왼쪽 손목▼ 의 y▼ 좌표 〉 그리고▼ 〈 1▼ 번째 사람의 왼쪽 손목▼ 의 y▼ 좌표 > 〈 -120 〉 〉 (이)라면 ∧
    정지▼ 신호 보내기
    2 초 기다리기 ∧

12 위에서 한 블록들을 모두 연결하고 '좌회전', '우회전', '정지' 동작에 해당하는 블록들은 계속 반복해서 반응할 수 있도록 [계속 반복하기] 블록으로 묶어 줍니다.

계속 반복하기 ∧
    만일 〈 -60 〉 < 〈 1▼ 번째 사람의 왼쪽 손목▼ 의 y▼ 좌표 〉 그리고▼ 〈 1▼ 번째 사람의 왼쪽 손목▼ 의 y▼ 좌표 < 〈 -20 〉 〉 (이)라면 ∧
        좌회전▼ 신호 보내기
        2 초 동안 방향을 -30° 만큼 회전하기
        1 초 동안 방향을 30° 만큼 회전하기
    만일 〈 1▼ 번째 사람의 왼쪽 손목▼ 의 y▼ 좌표 > 20 〉 (이)라면 ∧
        우회전▼ 신호 보내기
        2 초 동안 방향을 30° 만큼 회전하기
        1 초 동안 방향을 -30° 만큼 회전하기
    만일 〈 -60 〉 > 〈 1▼ 번째 사람의 왼쪽 손목▼ 의 y▼ 좌표 〉 그리고▼ 〈 1▼ 번째 사람의 왼쪽 손목▼ 의 y▼ 좌표 > 〈 -120 〉 〉 (이)라면 ∧
        정지▼ 신호 보내기
        2 초 기다리기 ∧

13 모든 블록들을 순서대로 연결하여 '자전거'오브젝트의 코딩을 완료합니다.

```
시작하기 버튼을 클릭했을 때
비디오 화면 보이기 ▾
사람 ▾ 인식 시작하기 ▾
인식된 사람 ▾ 보이기 ▾
계속 반복하기
    만일  -60 < 1 ▾ 번째 사람의 왼쪽 손목 ▾ 의 y ▾ 좌표  그리고 ▾  1 ▾ 번째 사람의 왼쪽 손목 ▾ 의 y ▾ 좌표 < -20  (이)라면
        좌회전 ▾ 신호 보내기
        2 초 기다리기
    만일  1 ▾ 번째 사람의 왼쪽 손목 ▾ 의 y ▾ 좌표 > 20  (이)라면
        우회전 ▾ 신호 보내기
        2 초 기다리기
    만일  -60 > 1 ▾ 번째 사람의 왼쪽 손목 ▾ 의 y ▾ 좌표  그리고 ▾  1 ▾ 번째 사람의 왼쪽 손목 ▾ 의 y ▾ 좌표 > -120  (이)라면
        정지 ▾ 신호 보내기
        2 초 기다리기
```

14 '정지' 오브젝트에서 실행되면 모양을 숨기고, 정지 신호를 받았을 때 모양이 나타나면서 정지라는 문구가 1초간 나타났다가 다시 모양을 숨기도록 코딩합니다.

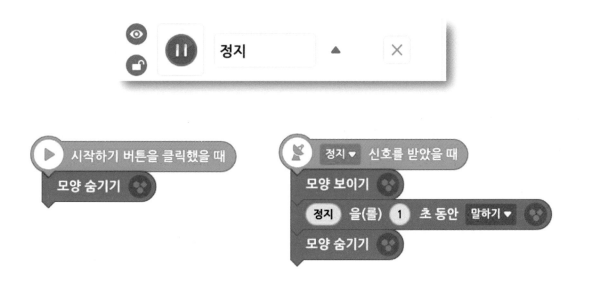

15 '좌회전' 오브젝트에서 실행되면 모양을 숨기고, 좌회전 신호를 받았을 때 모양이 나타나면서 좌회전이라는 문구가 1초간 나타났다가 다시 모양을 숨기도록 코딩합니다.

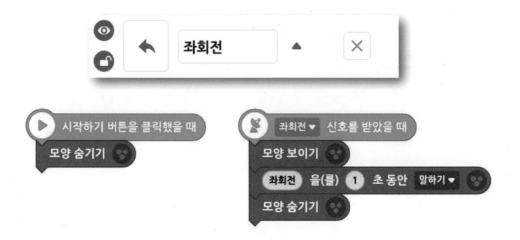

16 '우회전' 오브젝트에서 실행되면 모양을 숨기고, 우회전 신호를 받았을 때 모양이 나타나면서 우회전이라는 문구가 1초간 나타났다가 다시 모양을 숨기도록 코딩합니다.

17 프로그램을 실행해 보고 각각의 손목 위치에 따라 정지, 좌회전, 우회전이 제대로 인식되어 실행이 되는지 확인합니다.

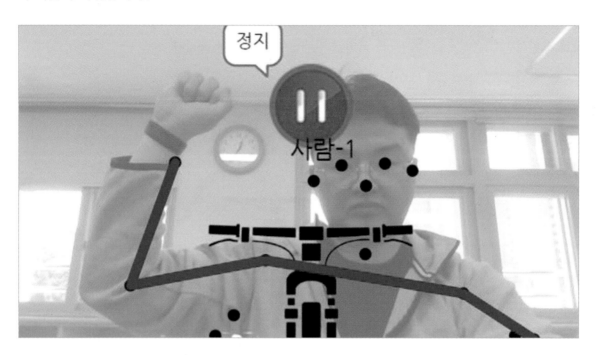

18 결과가 제대로 나타나지 않을 경우, 실행 상태에서 정지, 좌회전, 우회전 수신호를 했을 때의 왼쪽 손목의 Y좌표 값을 확인하고 프로그램의 값을 수정합니다.(실행하는 장소에 설치된 웹캠의 종류, 위치, 화소 등 다양한 조건에 따라 값을 조정해야 정확한 결과를 나타낼 수 있습니다.)

 **더 나아가기** 자전거 수신호에 따라 움직이는 자전거 프로그램 만들기

완성된 자전거 수신호 익히기 프로그램을 실행해봅시다. 우리가 동작하는 자전거 수신호에 따라 자전거의 방향이 변하면서 음성으로 수신호의 의미를 안내하도록 만들어 봅시다.

1 우회전 신호를 나타내는 부분에서 자전거 오브젝트가 오른쪽으로 2초간 회전하다 다시 원래대로 돌아오도록 코딩합니다.

만일 〈 1▼ 번째 사람의 왼쪽 손목▼ 의 y▼ 좌표 〉 20 〉 (이)라면 ∧
우회전▼ 신호 보내기
2 초 동안 방향을 30° 만큼 회전하기
1 초 동안 방향을 -30° 만큼 회전하기

2 좌회전 신호를 나타내는 부분에서 자전거 오브젝트가 왼쪽으로 2초간 회전하다 다시 원래대로 돌아오도록 코딩합니다.

만일 〈 -60 〈 1▼ 번째 사람의 왼쪽 손목▼ 의 y▼ 좌표 〉 그리고▼ 〈 1▼ 번째 사람의 왼쪽 손목▼ 의 y▼ 좌표 〈 -20 〉 (이)라면 ∧
좌회전▼ 신호 보내기
2 초 동안 방향을 -30° 만큼 회전하기
1 초 동안 방향을 30° 만큼 회전하기

3 인공지능 블록을 활용하기 위해 [인공지능 블록]을 클릭한 후 [인공지능 블록 불러오기]를 클릭합니다.

4 인공지능 블록 중 '읽어주기'를 선택합니다.

5 '정지', '좌회전', '우회전' 오브젝트에서 [읽어주기] 블록을 이용해서 음성 안내가 될 수 있도록 코딩합니다.

6 프로그램을 실행하고 자전거 수신호 동작을 했을 때 자전거의 움직임과 음성 안내가 제대로 이루어지는지 확인해 봅시다.

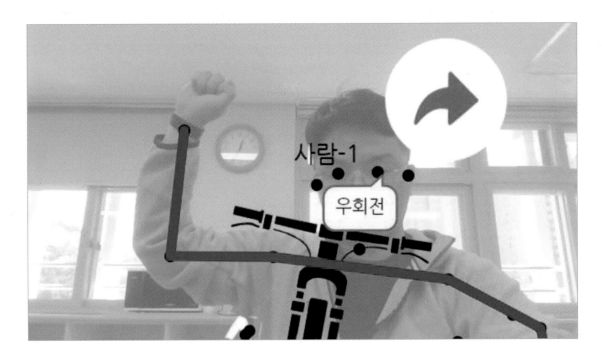

신체 동작 인식 기술을 활용한 프로그램

Q. 사람을 인식하는 방법에는 어떤 것이 있나요?

사람을 인식하는 방법에는 여러 가지가 있습니다. 센서 등을 이용해서 자동문 앞에 사람이 왔는지를 인식하는 방법에서부터 사람의 얼굴이나 동작, 생체정보 등을 이용해서 사람을 인식할 수도 있습니다. 또한, 사람이 이용하고 있는 스마트폰, 스마트워치, 스마트밴드 등과 같은 스마트 디바이스를 이용해서 간접적으로 확인할 수도 있습니다.

Q. 인공지능은 어떻게 사람의 동작을 인식할 수 있을까요?

인공지능은 카메라나 센서 등을 이용해서 사람의 주요 신체 부위들을 특정 지점으로 인식합니다. 예를 들어 엔트리에서는 얼굴, 목, 눈, 귀, 어깨, 팔꿈치, 손목, 엉덩이, 무릎, 발목 등의 신체 부위를 비디오로 인식하여 동작에 따른 명령을 수행할 수 있게 해 주고 있습니다.

Q. 신체 동작 인식 기술은 우리 생활에 어떻게 활용되고 있나요?

신체 동작 인식 기술은 우리 생활 속에 다양한 분야에서 적용되어 있습니다. 학생들에게는 동작인식을 통한 게임기를 예로 들 수 있습니다. 사용자의 움직임에 따라 스포츠 경기를 하거나 모험을 떠날 수도 있습니다. 그리고 패션 분야에서도 활용되고 있습니다. 입고 싶은 옷을 화면에서 선택하고 서 있으면 나의 몸에 맞춰서 해당 옷을 가상으로 피팅해 볼 수 있게 되었습니다. 그리고 춤이나 운동을 배우고자 할 때 집에서 신체 동작 인식과 인공지능을 활용해서 홈트레이닝을 할 수 있는 서비스가 많이 제공되고 있습니다.

06

방역을 부탁해!
(마스크 착용 감지 프로그램 만들기)

＊이미지 학습 모델을 통해 마스크 착용 감지 프로그램을 만들어 봅시다.

준비물	인공지능 블록 & 모델		
	**분류: 이미지** 업로드 또는 웹캠으로 촬영한 이미지를 분류할 수 있는 모델을 학습합니다.	**비디오 감지** 카메라를 이용하여 사람(신체), 얼굴, 사물 등을 인식하는 블록들의 모음입니다. (IE 및 iOS 미지원)	**읽어주기** nVoice 음성합성 기술로 다양한 목소리로 문장을 읽는 블록모음 입니다.
웹캠	이미지 학습 모델	비디오 감지	읽어 주기

이미지 인식 기술의 발전

구매를 원하는 옷의 정보를 검색하고 싶은데, 제품명을 몰라서 곤혹스러웠던 적이 있나요? 이제는 옷을 찍어 놓은 사진만 있다면 쉽게 검색이 가능합니다. 어떻게 옷의 사진만 찍어 올렸는데 컴퓨터는 내가 원하는 옷을 찾아줄까요? 바로 인공지능의 '이미지 인식' 기술을 활용하면 가능합니다. 인공지능은 축적된 이미지 데이터를 통해 이미지를 판별할 수 있습니다.

이러한 이미지 인식 기술은 점점 발전되어 왔습니다. 단순히 이미지를 구분하는 것을 넘어 질병까지 판독해 줍니다. 의료 분야에서도 이미지 인식 기술은 유용하게 사용되어 엑스레이나 CT 검사 결과 사진을 보고 질병을 판독해주어 진단의 정확도를 높여줍니다.

이번 시간에는 이미지 인식 기술을 활용하여 마스크 착용을 감지하는 프로그램을 만들어 봅시다. 마스크를 착용한 이미지 데이터와 미착용한 이미지 데이터를 직접 학습시켜 이미지 학습 모델을 만들고, 이를 활용하여 마스크 착용 감지 프로그램을 만들어 보겠습니다.

오브젝트 위치하기

지도학습

분류: 이미지
업로드 또는 웹캠으로 촬영한 이미지
를 분류할 수 있는 모델을 학습합니다.

이미지 모델 학습하기

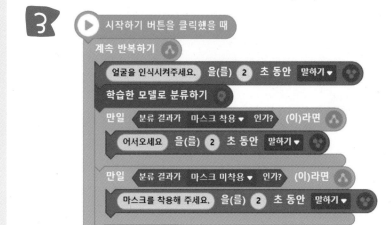

프로그래밍 하기

결과 확인하기

인공지능(AI) 체험활동 ## 마스크 착용 감지 프로그램 체험하기

완성된 마스크 착용 감지 프로그램을 실행해봅시다.

얼굴을 인식시켜 주세요

완성 프로그램

http://bit.ly/마스크착용감지
또는
http://naver.me/FVPyWw1P

---

1. 프로그램을 실행하여 마스크를 끼지 않은 모습을 인식시켜 봅시다. 어떤 결과가 나왔는지 적어봅시다.

2. 마스크 착용 감지 프로그램에 활용된 인공지능 기술을 [보기]에서 찾아봅시다.

──── [보기] ────
음성 인식 기술 / 이미지 인식 기술 / 자세 인식 기술

어떻게 만들까? 마스크 착용 감지 프로그램 설계하기

1. 앞에서 살펴본 마스크 착용 감지 프로그램의 작동방법에 대하여 살펴봅시다.

프로그램을 실행했을 때 이미지 인식이 시작됩니다. 마스크를 착용한 모습을 인식시키면 "어서오세요."를, 마스크를 착용하지 않은 모습을 인식시키면 "마스크를 착용해 주세요."라고 말해줍니다.

2. 마스크 착용 감지 프로그램 알고리즘 설계하기

```
프로그램 실행
        ∨
시작하기 버튼을 클릭했을 때
        ∨
계속 반복하기
        ∨
얼굴을 인식시켜주세요 을(를) 2초 동안 말하기
        ∨
(          )로 분류하기
        ∨
만일  분류 결과가 (          ) 인가?  (이)라면
        ∨
(          )을(를) 2초 동안 말하기
        ∨
만일  분류 결과가 (          ) 인가?  (이)라면
        ∨
(          )을(를) 2초 동안 말하기
        ∨
프로그램 종료
```

─────── [보기] ───────

학습한 모델 / 마스크 미착용 / 마스크 착용 / 마스크를 착용해 주세요. / 어서오세요.

1   구글 크롬 브라우저를 실행하고 주소창에 'bit.ly/마스크감지씨앗'을 입력합니다.
  (접속이 안되면 'http://naver.me/FHYIW7dT'를 입력합니다.)

2   엔트리 작품으로 이동하여 프로그래밍을 하기 위해 [리메이크하기]를 선택합니다.

3 마스크 착용 감지 프로그램을 만들기에 필요한 오브젝트들을 확인합니다. 프로그래밍하기 위하여, 오브젝트 목록에서 [모니터(2)] 오브젝트를 선택합니다.

4 이미지 모델 학습을 위하여 [인공지능] 카테고리의 [인공지능 모델 학습하기]를 클릭합니다.

5 학습할 모델을 선택해 봅시다. [분류: 이미지]를 선택한 후 [학습하기] 버튼을 누릅니다.

6 이미지 학습 모델의 이름과 클래스를 각각 지정합니다.

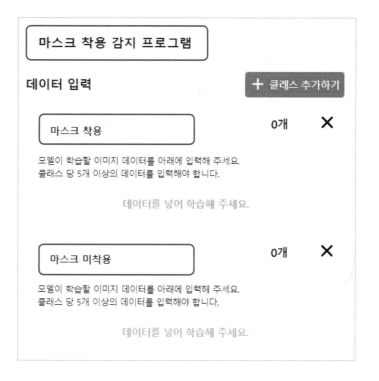

7 직접 이미지를 촬영하여 학습시킬 것이므로 [촬영]을 선택합니다.

8 마스크를 쓴 모습과 쓰지 않은 모습을 각각 20개 정도 촬영합니다. 클래스 당 이미지 데이터의 개수를 비슷하게 맞춰주는 것이 좋습니다. 그 후 [모델 학습하기]를 클릭하여 이미지 데이터를 학습시킵니다.

9 모델 [적용하기]를 누른 후 새로 생성된 인공지능 블록들을 확인해 봅시다.

10 나중에 입력받을 이미지 데이터를 방금 학습한 이미지 모델로 판단해야하므로 [인공지능] 카테고리의 [비디오 화면을 학습한 모델로 분류 시작하기] 블록을 삽입합니다. 그리고 마스크 착용을 했는지 안했는지에 대한 명령을 각각 달리해야하므로 [흐름] 카테고리의 [만일 참(이)라면] 블록을 삽입합니다.

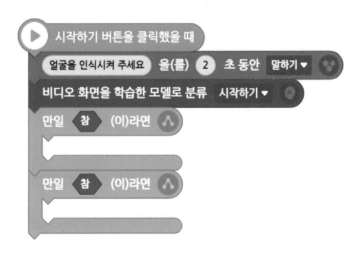

11 [인공지능] 카테고리의 [분류 결과가 마스크 착용 인가?] 블록을 이용하여 마스크를 착용하였을 때는 "어서오세요."를, 마스크를 착용하지 않았을 때는 "마스크를 착용해 주세요."를 말하도록 프로그래밍 합니다.

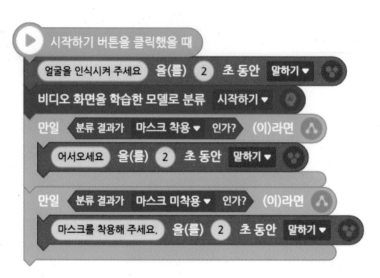

12 새로운 학생들이 올 때마다 계속해서 인식을 반복해야 하므로, [흐름] 카테고리에서 [계속 반복하기] 블록을 삽입한 후, 그 안에 11번까지 프로그래밍한 블록들을 넣어줍니다.

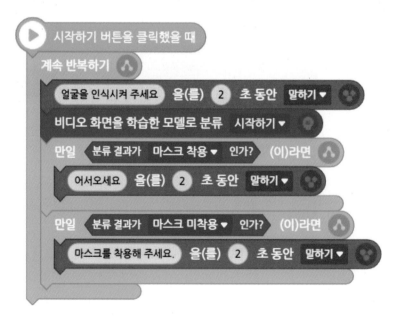

13 판단할 비디오 화면이 보이도록 설계해봅시다. [인공지능 블록 불러오기]에서 [비디오 감지]를 선택합니다.

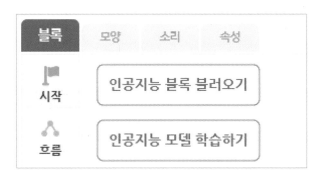

14 [비디오 화면 보이기] 블록을 [계속 반복하기] 블록의 안에 넣어주고, 프로그램이 올바르게 작동하는지 확인합니다.

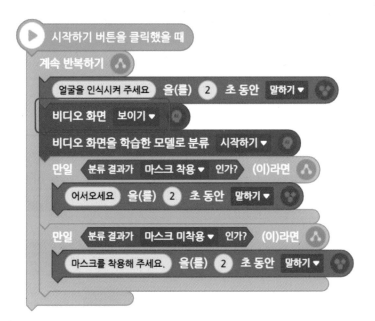

 마스크를 착용하면 문을 열어주는 프로그램 만들기

완성된 마스크 착용 감지 프로그램을 실행해봅시다. 이번에는 마스크를 착용했다면 입장을 허가하여 문을
열어주는 프로그램을 만들어 봅시다.

1 명령어를 인공지능이 읽어주도록 하기 위해, [인공지능] 카테고리의 [인공지능 블록 불러오기]
를 선택합니다.

2 [읽어주기]를 선택한 후 추가 버튼을 누릅니다.

3 [인공지능] 카테고리에서 추가된 읽어주기 블록들을 확인합니다.

4 기존에 프로그래밍 한 블록들 사이에 [엔트리 읽어주기] 블록을 추가합니다.

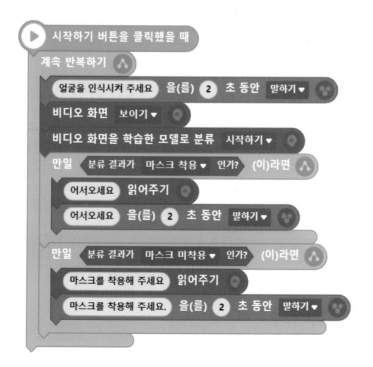

5 마스크를 착용한 것으로 인식했을 때, 교문이 열리도록 프로그래밍 하기 위해 신호를 추가해주어야 합니다. [자료] 카테고리의 [변수 만들기]를 눌러줍니다.

6 [속성]-[신호]-[신호 추가하기]를 눌러 '교문 열기'라고 신호 이름을 지정한 후 확인을 누릅니다.

7 [시작] 카테고리의 [교문 열기] 신호 보내기 블록을 위와 같이 삽입해 줍니다.

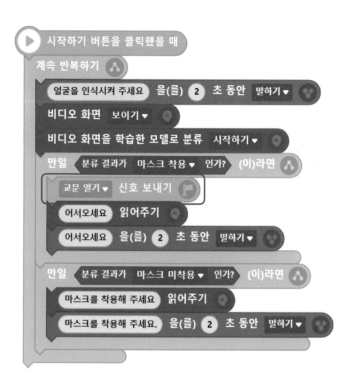

8 '교문 열기'라는 신호를 받았을 때 문을 열어주는 모양으로 바꾸기 위해 [교문 잠금] 오브젝트를 선택합니다.

9 '교문 열기' 신호를 받았을 때, x 좌표를 -50만큼 바꾸어 열리는 모습처럼 보이게 한 뒤, 2초 후에는 원래의 닫힌 모습으로 다시 돌아올 수 있도록 프로그래밍 합니다.

10 프로그램을 실행시켜 이미지 데이터를 입력시킨 후 결과를 확인해봅시다.

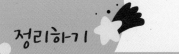

이미지 인식 기술의 발전

Q. 우리 생활에서 이미지 인식 기술은 어떻게 활용되고 있나요?

우리 생활 속에서 이미지 인식 기술은 점점 발전되고 있습니다. 단순히 이미지들을 분류해주는 작업부터, 이미지를 세세히 분석해주기도 하며, 이미지를 분석한 것을 토대로 새로운 이미지를 만들어 내는 기술까지 발전되어 왔습니다.

이러한 이미지 인식 기술은 우리 생활 속에 어느 덧 깊숙이 자리 잡게 되었습니다. 제품 이미지를 인식하여 제품의 정보를 알려줄 수도 있고, 공장의 생산 라인, 공항에서의 보안 검색대, 의료 진단 등에서도 유용하게 활용되어 사람이 미처 발견하지 못한 것들도 발견하여 도움을 줍니다. 그리고 이미지 인식 기술을 더 발전시켜 자율주행 자동차를 만드는 연구도 활발히 진행 중입니다.

이제는 이미지 인식 기술이 특정 이미지를 구별하고, 찾아내는 것을 넘어 새로운 이미지를 창출하는데도 쓰이고 있습니다. 기존에 학습한 이미지 데이터들을 분석하여 자연스럽게 새로운 이미지를 일부 변경하거나 합성할 수 있습니다. 또한 정지된 이미지를 넘어 영상 또한 분석할 수 있는 기술들이 개발되고 있다고 하니, 이미지 인식 기술은 앞으로 우리 생활 속에서 더 유용하게 사용될 것입니다.

Q. 인공지능은 이미지를 어떻게 인식하는 걸까요?

사람은 이미지를 보고 어떤 이미지인지 직관적으로 판단할 수 있습니다. 그러나 숫자들로 이루어진 정보를 처리하는 컴퓨터는 사람처럼 직관적으로 이미지를 판별하지 못합니다. 따라서 컴퓨터가 특정 이미지를 인식하기 위해서는 기존에 수많은 이미지 데이터들을 분석하여 특징을 추출할 수 있도록 하는 과정이 필요합니다. 이 과정을 우리는 '학습'이라고 부릅니다.

컴퓨터가 이미지를 올바르게 인식하도록 하기 위해서는 학습시키는 이미지가 특징이 잘 나타나 있어야하고, 엉뚱한 이미지가 학습되어선 안됩니다. 따라서 인공지능의 성능을 높이기 위해서는 학습된 데이터의 질이 중요합니다.

Q. 이미지 인식 기술의 기대와 우려

최근 딥페이크(Deepfake)에 대한 큰 논란이 일어났습니다. 딥페이크란, 인공지능이 기존의 이미지 학습을 통해 분석한 결과를 토대로 가짜의 새로운 이미지나 영상을 만들어내는 것을 말합니다. 딥페이크 기술을 활용하면, 실제와 같은 영상을 효율적으로 만들어 낼 수 있으므로 영상 산업의 큰 발전을 이루어 낼 수 있습니다. 그러나 이러한 딥페이크 기술이 악용된다면 개인의 동의 없이도 가짜 영상이 만들어져 디지털 범죄에 쉽게 노출될 수도 있습니다. 디지털 범죄에 대한 처벌이 강화되어 딥페이크 기술이 범죄보다는 좋은 방향으로 널리 사용될 수 있기를 기대합니다.

Section

07 내가 만드는 무인 점포
(물건 값을 자동으로 계산하는 프로그램 만들기)

* 인공지능이 물건을 인식하면 물건의 가격을 말하고 구입한 물건을 계산할 수 있는 인공지능 계산대 프로그램을 만들어 봅시다.

준비물		인공지능 블록 & 모델	
	**로그인** 아이디와 비밀번호를 입력해 주세요. **아이디 입력** 아이디를 입력해 주세요. **비밀번호 입력** 비밀번호를 입력해 주세요.	지도학습 **분류: 이미지** 업로드 또는 웹캠으로 촬영한 이미지를 분류할 수 있는 모델을 학습합니다.	가 Powered by NAVER Clova **읽어주기** nVoice 음성합성 기술로 다양한 목소리로 문장을 읽는 블록모음 입니다.
웹캠	엔트리 계정	지도학습(분류: 이미지)	읽어주기

가족들과 같이 마트에 가서 필요한 물건을 구매해본 적이 있나요? 먹고 싶은 과자, 음료수, 음식 등을 사고 나면 마지막에는 계산대에 가서 구매한 물건의 가격을 확인하고 돈을 지급해야 합니다. 지금까지는 사람이 직접 하나씩 물건의 가격을 확인하기 때문에 기다리는 시간도 오래 걸리고 불편한 때도 있었습니다.

하지만 최근에는 인공지능 기술을 활용한 계산대가 나오면서 이런 불편한 점을 해결하고자 노력하고 있습니다. 미국의 스타트업 기업인 케이퍼는 계산대 없이 소비자가 스스로 물건을 결제할 수 있는 스마트 쇼핑 카트를 개발했습니다. 케이퍼의 스마트 카트는 신용카드 스캐너와 바코드 스캐너, 3D 카메라 센서, 스마트 저울을 내장해 물건을 카트에 담을 때 곧바로 스캔하고 자동으로 결제까지 이루어집니다.

또한 GS25는 고객이 점포로 들어가면 딥러닝 카메라 34대가 고객 행동을 인식하고. 매대에 설치된 300여개 무게 감지 센서는 고객이 어떤 물건을 얼마나 고르는지를 감지합니다. 물건을 고른 뒤 문을 빠져나오면 인공지능 기술이 적용된 결제시스템을 통해 자동 결제되고 모바일 영수증이 발급되는 무인 편의점을 운영 중입니다.

이번 시간에는 이렇게 우리 생활을 편리하게 만들어 줄 수 있는 인공지능의 이미지 모델 기술을 활용하여 무인 계산대를 만들어 보겠습니다.

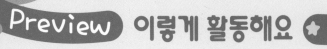

씨앗파일 불러오기

인공지능 블록 선택하기

모델 학습하기

학습 결과 확인하기

프로그래밍하기

실행하기

인공지능(AI) 체험활동 — 인공지능 계산대 체험하기

완성된 인공지능 계산대 프로그램을 실행해봅시다.

> 저는 물건을 인식하고 가격을
> 말해주는 인공지능입니다.

완성 프로그램

http://bit.ly/계산대
또는
http://naver.me/5PSguEpf

---

1. 프로그램을 실행하여 휴대폰 이미지를 인식하여 봅시다. 가격이 얼마인지 인식 결과를 적어봅시다.

2. 인공지능이 인식할 수 있는 [보기]의 물건 가격을 확인하고 각 물건 가격의 합계를 적어봅시다.

[보기]

생수병 / 손 소독제 / 휴대폰

어떻게 만들까? 인공지능 계산대 설계하기

1. 앞에서 살펴본 인공지능 계산대의 작동방법에 대하여 살펴봅시다.

스페이스키를 눌렀을 때 카메라가 켜지고 카메라로 생수, 휴대폰, 손 소독제를 촬영하면 해당하는 물건의 값을 화면과 목소리로 알려주는 프로그램입니다.

2. 인공지능 계산대 프로그램 알고리즘 설계하기

```
                    프로그램 실행
                         ∨
        (        )키를 눌렀을 때
                         ∨
        (        )로 분류하기
                         ∨
```

만일 분류 결과가 ( )(이)라면	만일 분류 결과가 ( )(이)라면	만일 분류 결과가 ( )(이)라면
(이 물건은)과(와) (분류 결과)를 합치기 (을)를 3초 동안 말하기	(이 물건은)과(와) (분류 결과)를 합치기 (을)를 3초 동안 말하기	(이 물건은)과(와) (분류 결과)를 합치기 (을)를 3초 동안 말하기

```
                         ∨
    (다른 물건의 가격이 궁금하면 스페이스를 눌러주세요.) 말하기
                         ∨
                    프로그램 종료
```

━━━━━━━━ [보기] ━━━━━━━━

스페이스 / 생수병 / 손 소독제 / 휴대폰 / 학습한 모델

1 크롬 브라우저를 실행하고 주소창에 'bit.ly/계산대씨앗'을 입력합니다.
(접속이 안되면 'http://naver.me/xIhBLzrD'를 입력합니다.)

2 엔트리 작품으로 이동하여 코딩을 하기 위해 [리메이크하기]를 선택합니다.

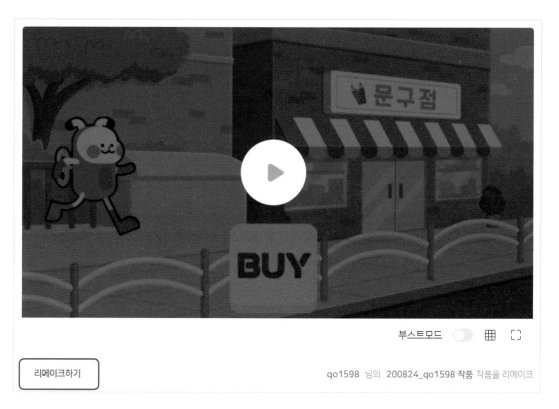

부스트모드

리메이크하기

qo1598 님의 200824_qo1598 작품 작품을 리메이크

3 인공지능 계산대 만들기에 필요한 오브젝트가 준비되어 있습니다.

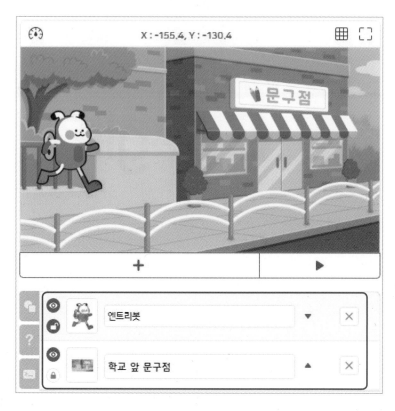

4 인공지능을 학습시키기 위해 [인공지능] 블록을 클릭한 후 [인공지능 모델 학습하기]를 클릭합니다.

5 이미지 데이터를 입력하기 위해 [이미지]를 선택합니다.

6 제목에 '물품'을 입력하고 [+ 클래스 추가하기]를 클릭해 클래스를 3개로 만들어줍니다.

7 클래스의 이름을 각각 '생수', '휴대폰', '손 소독제'로 바꾸어줍니다.

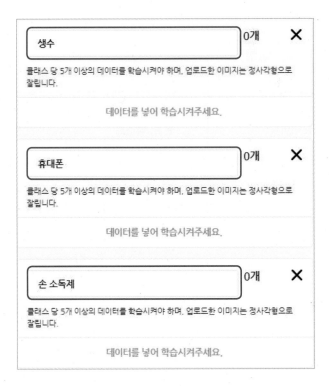

8 '생수' 클래스를 클릭한 후 인공지능이 정답으로 이해할 이미지의 크기, 각도, 위치 등을 다양하게 하여 최소 5개 이상 촬영합니다.

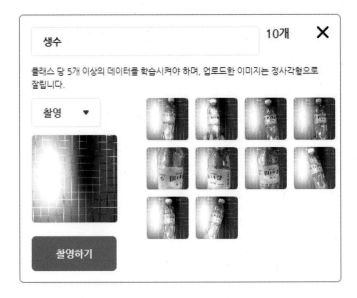

9 '휴대폰'과 '손 소독제' 클래스에도 각각 해당하는 이미지를 5개 이상씩 촬영합니다.

10 입력한 이미지 데이터를 학습시키기 위해 [모델 학습하기]를 클릭합니다.

11 학습이 잘되었는지 확인해보기 위해 해당하는 물품을 카메라에 인식시켜 봅니다. 만약 올바르게 인식이 되지 않았다면 해당 클래스에 데이터를 추가로 입력합니다.

12 학습이 잘되었다면 아래쪽의 [추가하기]를 클릭합니다. 학습이 더 필요하다면 각 클래스를 클릭해 데이터를 입력하고 다시 [모델 학습하기]를 클릭합니다.

취소	추가하기

13 [시작하기] 버튼을 눌렀을 때 엔트리가 작품에 대한 설명을 간단하게 말할 수 있도록 코딩합니다. (말하는 시간은 각자가 적절하게 조정할 수 있습니다.)

```
시작하기 버튼을 클릭했을 때
저는 물건을 인식하고 가격을 말해주는 인공지능입니다. 을(를) 3 초 동안 말하기 ▼
스페이스 키를 눌러 생수, 휴대폰, 손 세정제 중 원하는 물건을 인식시켜보세요! 을(를) 3 초 동안 말하기 ▼
```

14 스페이스키를 눌렀을 때 인공지능 이미지 모델이 실행되고, 만약 분류 결과가 생수이면 분류 결과와 가격을 3초간 말해주고 다른 물건의 가격이 궁금하면 스페이스키를 눌러달라고 안내하도록 코딩합니다.

```
스페이스▼ 키를 눌렀을 때
학습한 모델로 분류하기
만일  분류 결과  =  생수  (이)라면
    분류 결과  과(와)  는 1,000원입니다.  를 합치기  을(를)  3  초 동안  말하기▼
    다른 물건의 가격이 궁금하면 스페이스를 눌러주세요.  을(를)  3  초 동안  말하기▼
```

15 같은 방법으로 휴대폰, 손 소독제를 인식하면 분류 결과에 해당하는 가격을 말하도록 블록을 코딩합니다.

```
만일  분류 결과  =  휴대폰  (이)라면
    분류 결과  과(와)  은 1,000,000원입니다.  를 합치기  을(를)  3  초 동안  말하기▼
    다른 물건의 가격이 궁금하면 스페이스를 눌러주세요.  을(를)  3  초 동안  말하기▼
만일  분류 결과  =  손 소독제  (이)라면
    분류 결과  과(와)  은 10,000원입니다.  를 합치기  을(를)  3  초 동안  말하기▼
    다른 물건의 가격이 궁금하면 스페이스를 눌러주세요.  을(를)  3  초 동안  말하기▼
```

16 프로그램을 실행하여 인공지능이 물건을 올바르게 인식하고 가격을 알려주는지 확인합니다.

17 구매 버튼 오브젝트를 클릭했을 때 구매한 물건의 가격 합계를 말하는지 확인합니다.

18 인공지능이 물품을 잘 이해하지 못한다면 [인공지능]-[모델 학습하기]-[나의 모델]에서 '물품'을 선택해 추가로 학습시킬 수 있습니다.

 **분석 결과를 말로 말해주는 인공지능 계산대 만들기**

완성된 인공지능 계산대 프로그램을 실행해봅시다. 인공지능 계산대가 인식한 물건을 음성으로 표현하여 구매자가 쉽게 이해할 수 있도록 만들어 봅시다.

1 인공지능 블록을 클릭한 후 [인공지능 블록 불러오기]를 클릭합니다.

2 인공지능 블록 중 [읽어주기]를 선택합니다.

3 읽어주기 블록 중 [시작하기] 버튼을 클릭했을 때 성별을 '여성', 목소리를 '보통', 속도를 '보통' 음높이로 설정하기에 대해 아래에 추가하여 코딩합니다.(목소리, 속도, 음높이는 다양하게 설정할 수 있습니다.)

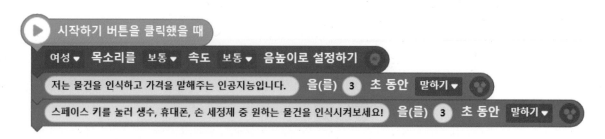

4 '엔트리' 읽어주기 블록에 '엔트리' 대신 '분류 결과' 블록을 넣고 말하기 블록 위에 추가하여 코딩합니다. 마찬가지로 '다른 물건의 가격이 궁금하면 스페이스를 눌러주세요.' 문장도 읽어주기 블록에 넣어 그림과 같이 코딩합니다.

5 같은 방법으로 인공지능 모델이 휴대폰, 손 소독제를 인식했을 때 인식 결과와 가격을 말할 수 있도록 코딩합니다.

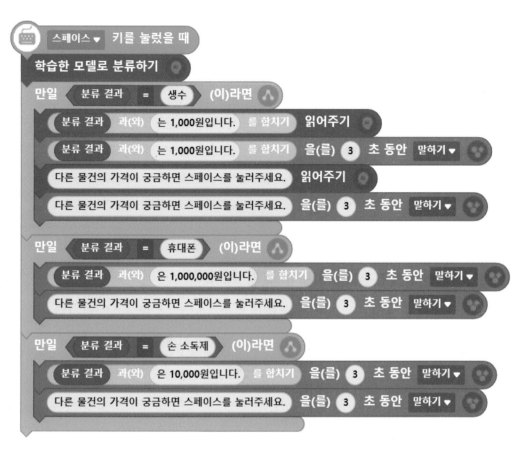

6 프로그램을 실행하고 인공지능에게 물건을 인식시켜 인식된 물건과 가격을 소리 내어 말해주는지 확인해 봅시다.

머신러닝 이미지 모델 만들기

Q. 이미지 모델 학습 기능은 무엇일까요?

이미지 모델 학습 기능은 직접 입력한 이미지를 학습 데이터로 삼아 일정한 기준에 따라 분류하고, 그 기준에 맞춰 모델을 학습시켜 자신만의 모델을 만들어 볼 수 있는 기능입니다. 이러한 기능은 인공지능을 학습시키는 여러 가지 방법 중에서 지도학습에 해당합니다. 파일로 업로드하거나 직접 촬영한 이미지를 학습 데이터로 삼고 내가 데이터를 직접 분류하여 모델에게 학습시키면, 나만의 인공지능 모델을 만들 수 있습니다.

Q. 인공지능은 어떻게 이미지를 이해할 수 있을까요?

인공지능이 이미지를 이해할 수 있는 건 위에서 언급한 인공지능을 학습하는 다양한 방법 중 지도학습에 해당합니다. 지도학습이란 인공지능에 정답을 알려주며 학습을 시켜주는 것입니다. 이번 차시를 예로 들면 휴대폰, 생수, 손 소독제라는 정답을 만들어 놓고 정답에 해당하는 이미지를 데이터로 입력하여 인공지능이 각 정답을 해당 이미지 데이터로 인식하도록 학습하는 것입니다. 이를 바탕으로 인공지능에게 특정 이미지 데이터를 제시했을 때, 인공지능은 학습한 내용을 토대로 제시된 이미지가 학습된 이미지에 확률적으로 어느 정도 해당하는지 판단하여 수치로 알려주게 됩니다.

Q. 이미지 모델을 학습한 인공지능이 더 똑똑해지기 위해서는 어떻게 해야 할까요?

이미지 모델로 학습한 인공지능이 해당하는 이미지를 더욱더 정확하게 인식하기 위해서는 각 정답의 이미지 데이터를 다양하게 입력해야 합니다. 예를 들어 손 소독제를 정확하게 인식하기 위해서는 손 소독제 이미지를 크기, 높이, 각도 등의 변화가 다양하게 나타나는 데이터로 많이 입력할수록 인공지능은 손 소독제 이미지를 인식했을 때, 더욱 높은 확률로 손 소독제를 판단하게 됩니다.

MEMO

O8 인공지능과 연주를
(인공지능과 듀엣으로 동요 연주하기)

✻ 인공지능에게 내가 좋아하는 동요를 학습시키고 내 동요를 인식하면 피아노로 연주해주는 프로그램을 만들어 봅시다.

준비물		인공지능 블록 & 모델
마이크	**로그인** 아이디와 비밀번호를 입력해 주세요. **아이디 입력** 아이디를 입력해 주세요. **비밀번호 입력** 비밀번호를 입력해 주세요.	지도학습 **분류: 음성** 마이크로 녹음하거나 파일로 업로드한 음성을 분류할 수 있는 모델을 학습합니다.
마이크	엔트리 계정	지도학습(분류: 음성)

여러분은 길거리를 지나가거나 카페, 쇼핑몰에 갔을 때 흘러나오는 노래를 들어본 경험이 있나요? 처음 들어보는 노래인데 내 마음에 들어서 노래의 제목, 가수를 알고 싶었던 경험이 있을 겁니다. 예전에는 노래의 멜로디를 기억하고 있다가 주변 사람들에게 물어보거나 음악 서비스 제공 사이트에 접속하여 사람이 일일이 검색하여 노래를 찾아야만 했습니다.

하지만 오늘날에는 인공지능 기반의 음악 검색 기능을 제공하는 기업들이 많이 있습니다. 네이버, 지니, 멜론 등 대표적인 음악 서비스 제공 사이트는 음악 검색 기능을 누르면 주변의 노래 소리를 인식하고 서버 데이터에 기록되어 있는 노래와 비교하여 일치하는 노래를 찾아 검색 결과를 사용자에게 알려줍니다. 음악 검색에 사용되는 시간이 평균 10초 미만이라고 하니 예전에 사람이 직접 찾을 때와 비교했을 때 인공지능이 엄청 빠르게 음악을 검색해준다는 것을 알 수 있습니다.

이번 시간에는 내가 좋아하는 동요를 음성 데이터로 녹음하고 녹음한 데이터를 인공지능에게 학습시켜봅시다. 그리고 내가 동요를 부르면 인공지능이 동요를 인식하고, 동요의 뒷부분을 피아노로 연주하는 프로그램을 만들어 봅시다.

1

씨앗파일 불러오기

2

지도학습

분류: 음성

마이크로 녹음하거나 파일로 업로드한 음성을 분류할 수 있는 모델을 학습합니다.

인공지능 모델 선택하기

3

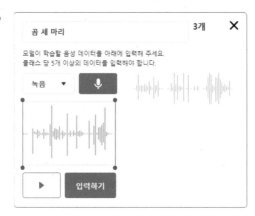

동요 데이터 입력하기

4

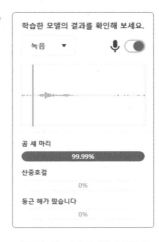

인공지능 모델 학습하기

5

프로그래밍하기

6

실행하기

인공지능(AI) 체험활동 **인공지능과 듀엣으로 동요 연주하기**

완성된 인공지능과 듀엣으로 동요 연주하기 프로그램을 실행해봅시다.

완성 프로그램

http://bit.ly/인공지능과듀엣
또는
http://naver.me/G2UPd4t2

---

1. 곰 세 마리, 산중호걸, 둥근 해가 떴습니다 동요의 한 마디씩을 불러보고 인공지능이 몇 %의 확률로 인식하였는지 적어봅시다.

1) 곰 세 마리: 2) 산중호걸: 3) 둥근 해가 떴습니다:

2. 인공지능과 듀엣으로 동요 연주하기에 활용된 인공지능 기술을 [보기]에서 찾아봅시다.

[보기]

이미지 인식 기술 / 음성 인식 기술 / 텍스트 인식 기술

1. 앞에서 살펴본 인공지능과 듀엣으로 동요 연주하기의 작동방법에 대하여 살펴봅시다.

프로그램을 실행했을 때 인공지능이 어떤 내용을 인식할 것인지 설명합니다. 그리고 음성 데이터를 입력하면 학습된 데이터를 바탕으로 어느 쪽 동요에 가까운지 확률을 계산해서 결과로 말해줍니다. 그리고 해당 동요의 뒷부분을 피아노 소리로 연주해줍니다.

2. 인공지능과 듀엣으로 동요 연주하기 프로그램 알고리즘 설계하기

> **프로그램 실행**

시작하기 버튼을 클릭했을 때
안녕! 나는 네가 좋아하는 동요를 들으면 어떤 동요인지 알아맞히는 인공지능 로봇이야
곰 세 마리/산중호걸/둥근 해가 떴습니다 중 하나의 동요를 한 마디만 부르면
어떤 동요를 불렀는지 맞춰 볼게~! 준비 되었으면 스페이스 키를 눌러줘!

(　　　) 키를 눌렀을 때
(　　　)로 분류하기

만일	(　　　　　)인가?	(이)라면
이 동요는 (　　　)×100 과(와)	의 1번째 글자부터 2번째 글자까지의 글자	확률입니다.
소리 (　　　) ○○초 재생하고 기다리기		

> **프로그램 종료**

─── [보기] ───

스페이스 / 피아노 / 분류 결과가 ○○○○ / ○○○○에 대한 신뢰도 / 학습한 모델

1 구글 크롬 브라우저를 실행하고 주소창에 'bit.ly/인공지능과듀엣씨앗'을 입력합니다.

2 엔트리 작품으로 이동하여 프로그래밍을 하기 위해 [리메이크하기]를 선택합니다.
(접속이 안되면 'http://naver.me/GFpw6Qih'를 입력합니다.)

부스트모드

리메이크하기

casdai 님의 인공지능과 듀엣으로 노래 연주하기 작품을 리메이크

3 인공지능과 듀엣으로 동요 연주하기 프로그램 만들기에 필요한 오브젝트들을 확인합니다. 동요를 인식하고 피아노 연주를 프로그래밍하기 위해 오브젝트 목록에서 [소놀 AI 로봇] 오브젝트를 선택합니다.

4 인공지능 블록을 생성하기 위해 [블록] 탭에서 [인공지능] 카테고리를 선택한 후 [인공지능 모델 학습하기]를 클릭합니다.

5 새로 만들기를 선택 후 [지도학습 분류: 음성]을 선택합니다.

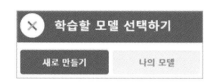

지도학습

분류: 음성
마이크로 녹음하거나 파일로 업로드
한 음성을 분류할 수 있는 모델을 학
습합니다.

6 모델의 제목을 입력하고 내가 좋아하는 동요를 3개 입력하기 위해 [클래스 추가하기]를 선택하고 동요 제목을 입력합니다.

7 동요 데이터를 녹음으로 입력하기 위해 [업로드]를 눌러 [녹음]으로 바꾸어 줍니다.

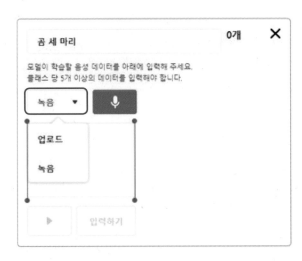

8 곰 세 마리 동요의 첫 번째 마디를 음정과 박자에 맞게 불러 녹음합니다. 그리고 [입력하기]를 눌러 데이터로 저장합니다.

9 최소 5번 이상 동요를 불러 데이터를 입력합니다.

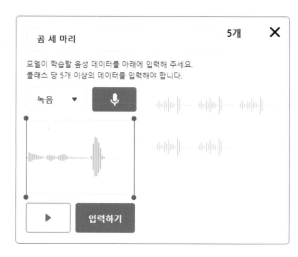

10 같은 방법으로 산중호걸, 둥근 해가 떴습니다 동요도 첫 번째 마디를 5번 이상 녹음하여 데이터로 저장합니다.

11 설정을 완료했으면 [학습]의 [모델 학습하]기를 선택하여 인공지능 모델을 학습합니다.

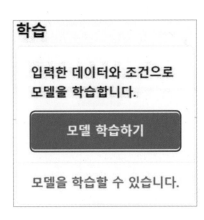

12 결과를 통해 내가 부르고 있는 동요가 마이크를 통해 입력되면 인공지능이 학습한 데이터를 바탕으로 몇 %의 확률로 학습된 동요와 비슷한지 확인할 수 있습니다.

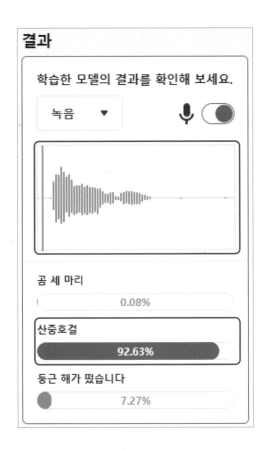

13 인공지능 모델이 완성되었으면 [인공지능] 카테고리에서 그림과 같은 블록들이 추가된 것을 확인할 수 있습니다.

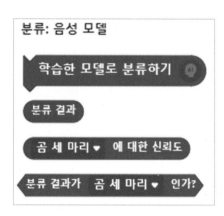

14 프로그램을 소개하는 대화를 만들기 위해 [시작], [생김새] 카테고리에서 [시작하기 버튼을 클릭했을 때]와 [안녕!을(를) 4초 동안 말하기] 블록을 선택하여 그림과 같이 말을 입력합니다.

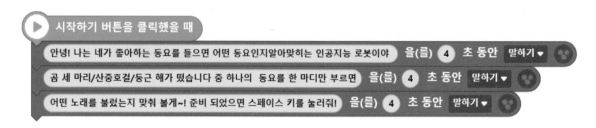

15 스페이스 키를 눌렀을 때 동요 데이터를 입력받기 위해 [시작], [인공지능] 카테고리에서 [q 키를 눌렀을 때], [학습한 모델로 분류하기] 블록을 선택하여 그림과 같이 놓습니다.

16 인공지능이 내가 부른 동요의 데이터를 인식했을 때 분류 결과에 따른 행동을 위해 [흐름], [인공 지능] 카테고리에서 [만일 참 (이)라면], [분류 결과가 곰 세 마리 인가?] 블록을 선택하여 그림 과 같이 놓습니다.

17 같은 방법으로 인공지능이 내가 부른 동요를 산중호걸과 둥근 해가 떴습니다로 인식할 경우 행동 할 내용을 입력하기 위해 그림과 같이 블록을 놓습니다.

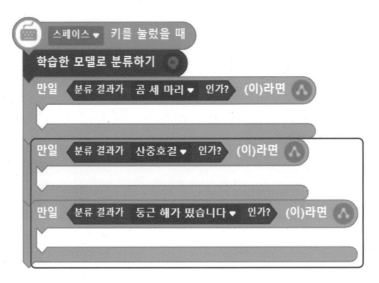

18 만약 인공지능이 결과를 곰 세 마리로 인식했다면 몇 %의 확률로 인식했는지 알려주기 위해 [생 김새], [계산], [인공지능] 카테고리에서 [안녕!을(를) 4초 동안 말하기], [안녕!과(와) 엔트리를 합치기], [안녕 엔트리!의 2번째 글자부터 5번째 글자까지의 글자], [곰 세 마리 에 대한 신뢰도] 블록을 선택하여 그림과 같이 놓습니다.(인공지능은 결과에 대한 신뢰도를 0.XXXX의 형태의 소수점으로 표현하는데 이를 몇 00.00%의 소수 둘째짜리까지의 소수점 형태로 나타내기 위해 빨간 칸의 형식으로 블록을 놓았습니다.)

이 노래는 과(와) 곰 세 마리 ▼ 에 대한 신뢰도 × 100 의 1 번째 글자부터 2 번째 글자까지의 글자 을 합치기 과(와) % 확률로 둥근 해가 떴습니다야! 을 합치기 을(를) 4 초 동안 말하기 ▼

19 같은 방법으로 산중호걸과 둥근 해가 떴습니다를 인식했을 때 신뢰도를 말해주는 블록을 그림과 같이 놓습니다.

20 프로그램을 실행하여 동요를 불러보고 인공지능이 몇 %의 확률로 인식하는지 결과를 확인해봅시다.

 인공지능이 인식한 동요의 뒷부분을 피아노로 연주해주는
프로그램 만들기

앞에서 만들어 본 프로그램에서 인공지능이 동요를 인식하면 동요의 뒷부분을 피아노로 연주하는 프로그램을 만들어 봅시다.

1 피아노 소리를 추가하기 위해 [소리] 탭에서 [소리 추가하기]를 선택합니다.

2 [소리 선택]에서 [악기]를 선택하고 그림처럼 '피아노_04도~피아노_11높은도'를 선택합니다.

3 피아노 소리가 추가 된 것을 확인할 수 있습니다.

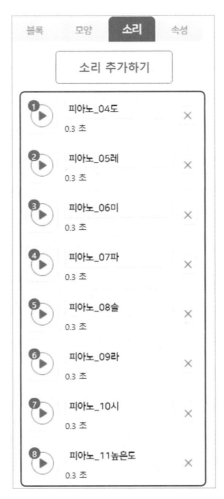

4 앞에서 만들었던 블록처럼 만약 인공지능이 내가 부른 동요를 곰 세 마리로 인식했을 때 행동하는 블록을 만듭니다.

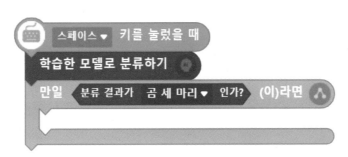

5 앞서 인공지능을 학습했을 때 사용한 동요 데이터가 동요의 첫 번째 마디였으므로 인공지능이 연주할 마디는 빨간 칸의 두 번째 마디입니다. [소리] 카테고리에서 [소리 00초 재생하고 기다리기] 블록을 사용해서 그림과 같이 계이름에 맞게 블록을 놓습니다.(이번 프로그램에서는 4분음표의 빠르기를 0.5초로 설정하였습니다.)

6 인공지능이 곰 세 마리를 인식하면 해당 동요를 피아노로 연주하는 블록이 완성되었습니다.

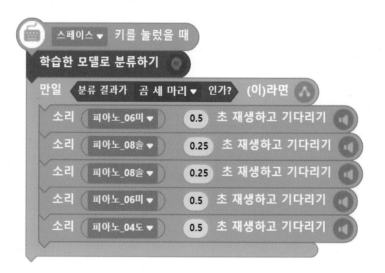

7 같은 방법으로 산중호걸과 둥근 해가 떴습니다 동요도 계이름에 맞춰 피아노 소리 블록을 그림과 같이 놓습니다. 프로그램을 실행하면 인공지능이 내가 부른 동요를 인식하고 뒷부분을 피아노로 알맞게 연주하는 것을 확인할 수 있습니다.

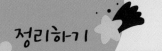
인공지능과 듀엣으로 동요 연주하기

Q. 음성 모델 학습 기능은 무엇일까요?

음성 모델 학습 기능은 직접 녹음하거나 업로드한 음성을 학습 데이터로 삼아 일정한 기준에 따라 분류하고, 새롭게 입력되는 음성을 분류할 수 있는 모델을 만들 수 있습니다. 앞서 이미지 모델에서 사용했던 지도학습의 방법으로 인공지능을 학습시킵니다. 이때 인공지능은 음성의 파형이 얼마나 유사한지를 기준으로 데이터를 분류하게 됩니다.

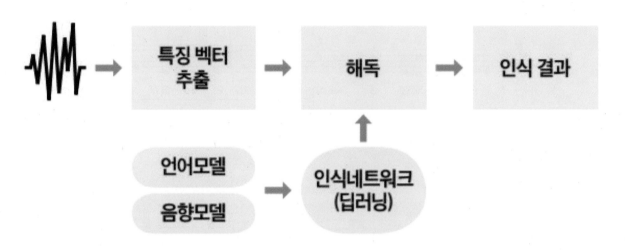

Q. 음성 인식 모델 관련 기술은 생활 속에서 어떻게 활용되고 있나요?

현재 음성 인식 모델 기술은 구글의 어시스턴드, 애플의 시리, 삼성의 빅스비, 아마존의 알렉사 등 인공지능 비서의 역할로 사용자의 음성을 인식하고 인식한 내용을 바탕으로 해당하는 결과를 알려주는 역할로 많이 사용되고 있습니다.

또한 통역, 교육 등 생활 속 다양한 분야에 접목되며 삶에 편리성을 더해주고 있습니다. 전문가들은 음성 인식 기술이 우리 생활에 큰 변화를 가져올 것이라고 예측합니다. 특히 음성 인식 기술은 교육, 통역 분야에 다양하게 사용될 수 있는데 실시간 자동 통역, 영어 발음 교육, 영·중·일어 다중 인식, 콜센터 음성인식 등 다양하게 활용되고 있습니다.

앞으로 미래에는 휴대폰이 터치로 바뀌면서 물리 버튼이 없어졌던 것처럼, 이제는 화면 없이 음성으로만 사물을 제어하고 인식할 수 있는 시대가 될 수 있을 것이라고 예측합니다.

MEMO

09 똑똑한 나의 집
(스마트홈 프로그램 만들기)

＊ 방에 있는 전등, 에어컨 등 전자제품을 집 밖에서도 켜고 끌 수 있는 스마트 홈 프로그램을 만들어 봅시다.

준비물	인공지능 블록 & 모델
로그인 아이디와 비밀번호를 입력해 주세요. **아이디 입력** 아이디를 입력해 주세요 **비밀번호 입력** 비밀번호를 입력해 주세요	Aa
엔트리 계정	지도학습(분류: 텍스트)

각종 사물에 센서와 통신 기능을 이용해 인터넷에 연결하는 기술을 사물 인터넷(Internet of Things, IoT)이라 합니다. 사람들이 서로 대화를 나누듯이 연결된 사물들은 서로 정보를 나누는데 이를 활용하면 집 밖에서 스마트폰으로 불을 켜거나 시간에 맞게 전기밥솥을 이용해 밥을 하는 것은 물론, 온도에 따라 스스로 에어컨이나 보일러를 제어하고, 현관문에 센서를 설치해 침입이나 방문을 감지하면 스마트폰으로 알림 메시지를 보낼 수도 있습니다. 이처럼 사물 인터넷 기술을 아파트나 주택 등에서 사용하는 것을 스마트 홈이라 합니다.

사물 인터넷 기술은 얼굴 인식이나 음성 인식 등 인공지능 기술과 결합되어 우리 생활을 더욱 편리하게 활용될 수도 있습니다. 이번 시간에는 인공지능의 문자 인식 기술과 사물들을 연결하여 거실에 있는 방 안의 전등과 에어컨을 제어할 수 있는 스마트홈 프로그램을 만들어 보겠습니다.

1

씨앗파일 불러오기

2

인공지능 모델 선택하기

3

전등 켜기   9개 ✕

모델이 학습할 텍스트 데이터를 아래에 작성해 주세요.
클래스 당 5개 이상의 데이터를 입력해야 합니다.
각각의 데이터는 쉼표로 구분합니다. (예: 맛있다, 맛있어, 맛있네)

불켜, 불켜줘, 불켜라, 불 켜줘, 불 좀 켜, 불 좀 켜줘, 불 켜주세요, 불켜세요, 불 켜

전등 끄기   7개 ✕

모델이 학습할 텍스트 데이터를 아래에 작성해 주세요.
클래스 당 5개 이상의 데이터를 입력해야 합니다.
각각의 데이터는 쉼표로 구분합니다. (예: 맛있다, 맛있어, 맛있네)

불꺼, 불꺼줘, 불꺼라, 불좀꺼줘, 불꺼주라, 불꿀래, 불끄자

에어컨 켜기   7개 ✕

모델이 학습할 텍스트 데이터를 아래에 작성해 주세요.
클래스 당 5개 이상의 데이터를 입력해야 합니다.
각각의 데이터는 쉼표로 구분합니다. (예: 맛있다, 맛있어, 맛있네)

텍스트 모델 학습하기

4

학습

입력한 데이터와 조건으로 모델을 학습합니다.

[모델 학습하기]

학습을 완료했습니다.

결과

학습한 모델의 결과를 확인해 보세요.

[|]

[입력하기]

입력된 텍스트 : 불 꺼줘

불 끄기
       79.12%

선풍기 끄기
   9.94%

불 켜기
   9.68%

선풍기 켜기
  1.24%

학습 결과 확인하기

5
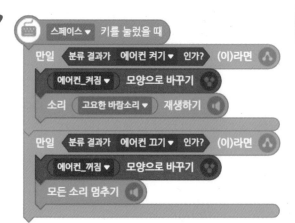

스페이스 ▾ 키를 눌렀을 때

만일 〈 분류 결과가 에어컨 켜기 ▾ 인가? 〉 (이)라면

에어컨_켜짐 ▾ 모양으로 바꾸기

소리 고요한 바람소리 ▾ 재생하기

만일 〈 분류 결과가 에어컨 끄기 ▾ 인가? 〉 (이)라면

에어컨_꺼짐 ▾ 모양으로 바꾸기

모든 소리 멈추기

프로그래밍하기

6

스페이스 키를 눌러 명령을 내려주세요

실행하기

인공지능(AI) 체험활동 스마트 홈 체험하기

완성된 스마트 홈 프로그램을 실행해봅시다.

완성 프로그램

http://bit.ly/스마트홈완성 또는
http://naver.me/GyeaFOx1

---

1. 프로그램을 실행하고 스페이스 키를 눌러 "불 켜줘"라고 입력해봅시다. 어떤 결과가 나오나요?

2. 이번에는 전등을 끄려 합니다. 스페이스 키를 누른 후 뭐라고 입력하면 될까요?

3. 1번과 2번에서 적은 내용과 다른 명령을 입력해도 전등을 켜고 끌 수 있을까요? 새로운 명령어를 입력해 확인해봅시다.

전등 켜기		전등 끄기	
내가 입력한 명령어	동작 여부	내가 입력한 명령어	동작 여부
	(O / X)		(O / X)
	(O / X)		(O / X)
	(O / X)		(O / X)

어떻게 만들까? 스마트 홈 설계하기

1. 스마트 홈 프로그램의 실행과정을 생각해보기

프로그램 실행하기

스페이스 키 누르기

명령어 입력하기

동작 실행하기

2. 스마트홈 음성인식 선풍기 프로그램 알고리즘 설계하기

프로그램 실행

( )를 누르기

∨

명령어 입력하기

∨

분류결과가

전등 켜기인가?	( ) 인가?	( ) 인가?	에어컨 끄기인가?

∨

전등_켜짐 모양으로 바꾸기	( ) 으로 바꾸기	( ) 으로 바꾸기 고요한 바람소리 재생하기	에어컨_ 꺼짐 모양으로 바꾸기 ( )

프로그램 종료

─── [보기] ───

전등_꺼짐 모양 / 스페이스 키 / 전등 끄기 / 모든 소리 멈추기 / 에어컨 켜기 / 에어컨_켜짐 모양

1 구글 크롬 브라우저를 실행하고 주소창에 'bit.ly/스마트홈씨앗'을 입력합니다.
(접속이 안되면 'http://naver.me/5eG4lxut'를 입력합니다.)

2 엔트리에 로그인 한 후 작품으로 이동하여 프로그래밍을 하기 위해 [리메이크하기]를 선택합니다.

3 스마트 홈에 필요한 오브젝트가 준비되어 있습니다. 오브젝트를 실행하기 위해 필요한 블록을 살펴봅시다.

4 [인공지능]을 선택한 후 [모델 학습하기]를 클릭합니다.

5 문자로 입력하는 명령어를 학습하기 위해 [분류:텍스트]를 선택한 후 [학습하기]를 클릭합니다.

6 모델 이름을 입력하고 클래스 이름을 '전등 켜기'와 '전등 끄기'로 바꿔줍니다.

7 [클래스 추가하기]를 클릭해 2개의 클래스를 추가한 후 이름을 '에어컨 켜기'와 '에어컨 *끄기*'로 바꾸어줍니다.

8 각 클래스에 5개 이상의 명령어 데이터를 입력합니다.

9 데이터를 모두 입력했다면 [모델 학습하기]를 클릭해 학습을 시킵니다. 오른쪽에 새로운 명령어를 입력한 뒤 인공지능이 바르게 인식하는지 확인해봅니다. 인식이 바르게 되면 [적용하기]를 클릭합니다. 인식이 바르지 않다면 명령어 데이터를 수정한 후 다시 [모델 학습하기]를 클릭합니다.

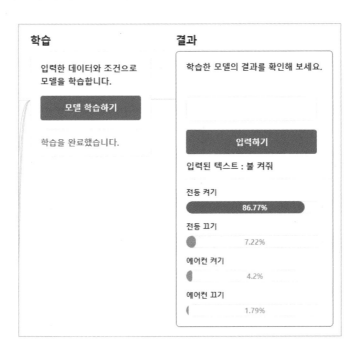

10 스페이스 키를 누르면 학습한 인공지능 모델을 이용해 전등을 켜거나 끌 수 있도록 전등 오브젝트를 클릭한 후 다음과 같이 코딩합니다.

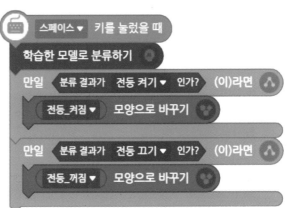

11 스페이스 키를 누르면 학습한 인공지능 모델을 이용해 에어컨을 켜거나 끌 수 있도록 에어컨 오브젝트를 클릭한 후 다음과 같이 코딩합니다.

12 [시작하기] 버튼을 클릭한 후 스페이스 키를 눌러 명령어를 입력하고 전등과 에어컨이 잘 동작하는지 확인해봅시다.

스마트 홈의 다양한 기능

Q. 텍스트 모델 인식 기술은 우리 생활에 어떻게 활용되고 있나요?

음성이나 문자를 통해 인간처럼 대화하고, 명령을 수행하는 인공지능 프로그램을 챗봇이라 합니다. 챗봇은 웹사이트, 메신저 등 다양한 플랫폼에서 활용되는데 온라인 쇼핑 사이트에서 고객의 정보 확인, 배송, 반품, 교환 등의 문제를 처리하거나 자주 묻는 질문에 대한 대답을 인간 상담사가 아닌 챗봇이 하기도 합니다.

Q. 컴퓨터가 아닌 연필로 적은 글자도 인공지능이 인식할 수 있나요?

광학 문자 인식(Optical character recognition, OCR)은 사람이 쓰거나 프린터로 인쇄한 글자를 기계가 읽을 수 있도록 변환하는 기술을 말합니다. 이를 활용하면 도로에 설치된 CCTV나 무인항공기에 달린 카메라가 달리는 자동차의 번호판을 인식해 과속 차량 및 불법 주정차 차량을 단속할 수 있고, 책을 읽을 수 없는 시각장애인들이 스마트폰 카메라로 책을 촬영하면 책 속의 글자를 읽어줄 수도 있습니다. 또한, 은행이나 공공기관 등에서는 신분증, 출력된 문서 등에서 데이터를 빠르게 처리할 수 있고, 번역 기술을 접목하여 외국어 글자를 촬영하면 한글로 바꾸어주는 번역 프로그램에도 활용됩니다.

초기의 광학 문자 인식 기술은 사람이 직접 입력하는 것에 비해 정확도가 떨어지는 단점이 있었으나, 인공지능 기술이 접목되면서 정확도가 매우 높아져 다양한 분야에 널리 활용되고 있으며 우리 생활에 많은 편리함을 주게 될 것입니다.

Q. 미래의 스마트 홈은 어떤 모습일까요?

인공지능이 결합된 미래의 스마트 홈은 사용자가 직접 명령을 하지 않아도 집 안의 사물들이 서로 통신하면서 우리 생활을 편리하게 해줄 수 있습니다. 아침이면 알람 시계가 토스트기를 작동시켜 아침 식사를 준비하고, 현관문을 열면 엘리베이터가 눌러져 기다릴 시간을 줄일 수 있고, 이에 맞춰 자동차가 에어컨을 켠 상태로 집 앞에 와 기다리게 할 수도 있습니다. 창문을 열어두고 외출했는데 비가 온다면 창문에 달린 센서가 비를 감지해 스스로 창문을 닫을 수도 있고, 어질러진 거실을 로봇 청소기가 스스로 정리할 수도 있습니다.

Section

10 무슨 꽃일까?
(꽃 품종 판별 프로그램 만들기)

* 데이터를 입력하면 인공지능이 숫자 분류 모델을 활용해 붓꽃의 종류를 알려주는 인공지능 붓꽃 판별기를 만들어 봅시다.

이것은 붓꽃, 세토사 품종 입니다.

준비물	인공지능 블록 & 모델
로그인 아이디와 비밀번호를 입력해 주세요. **아이디 입력** 아이디를 입력해 주세요. **비밀번호 입력** 비밀번호를 입력해 주세요.	 지도학습 **분류: 숫자** 테이블의 숫자 데이터를 가장 가까운 이웃(K개)을 기준으로 각각의 클래스로 분류하는 모델을 학습합니다.
엔트리 계정	지도학습(분류: 숫자)

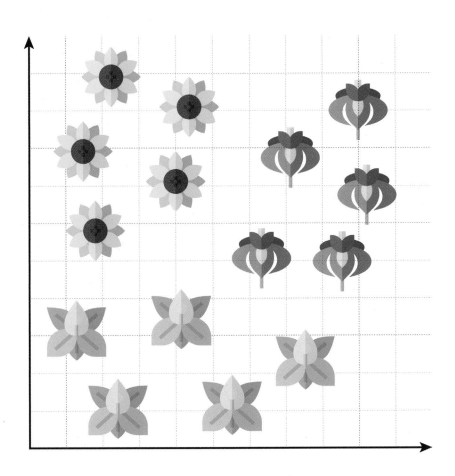

머신러닝(지도학습) 알고리즘 K최근접 이웃 알고리즘(KNN, K-Nearest Neighbor)을 알고 있나요? K최근접 이웃 알고리즘은 입력한 데이터를 가장 가까운 속성에 따라 분류하는, 간단하지만 많은 곳에서 사용되는 알고리즘입니다.

여러분은 꽃을 좋아하나요? 꽃은 아름답고 향기로우므로 매력적이기도 하지만, 같은 장미라도 그 안에 수많은 종류가 있어 더욱 끌리게 됩니다. 하지만 종류가 너무 많기 때문에 전문가가 아니면 꽃을 쉽게 구분하기 어렵습니다. 그런데, 기본적인 데이터만으로 꽃의 종류를 판단할 수 있는 인공지능을 만든다면 매우 유용하게 사용할 수 있지 않을까요?

이번 시간에는 우리 주변에서 볼 수 있는 붓꽃의 정보를 입력하면 종류를 알려주는 안공지능 붓꽃 판별기를 만들어 보겠습니다.

씨앗파일 불러오기

인공지능 모델 선택하기

데이터 불러오기

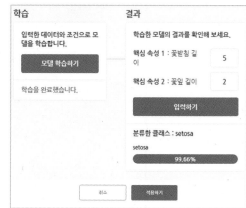

분류 모델 학습하기

프로그래밍하기

실행하기

인공지능 붓꽃 판별기 체험하기

완성된 붓꽃 판별기 프로그램을 실행해봅시다.

완성 프로그램

http://bit.ly/붓꽃판별기 또는
https://naver.me/GcjLo8zt

---

1. 프로그램을 실행하여 임의의 꽃받침 길이와 꽃잎 길이를 입력해 봅시다. 어떤 결과가 나오나요?
(0~8cm 사이의 값을 입력합니다.)

2. 보기에 있는 꽃받침 길이와 꽃잎 길이를 입력하고 어떤 붓꽃인지 적어봅시다.

--- [보기] ---

꽃받침 길이 6 / 꽃잎 길이 4 → (   )

꽃받침 길이 7.7 / 꽃잎 길이 6.1 → (   )

꽃받침 길이 5 / 꽃잎 길이 1.4 → (   )

---

1. 인공지능 계산대 프로그램의 실행과정을 생각해보기

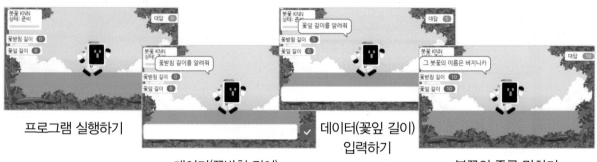

프로그램 실행하기

데이터(꽃받침 길이)
입력하기

데이터(꽃잎 길이)
입력하기

붓꽃의 종류 말하기

2. 인공지능 계산대 프로그램을 설계하기

프로그램 실행

(   )를 물어보기

∨

(   )를 대답으로 정하기

∨

(   )를 물어보기

∨

(   )를 대답으로 정하기

∨

'그 붓꽃의 이름은' 말하기

꽃받침 길이와 꽃잎 길이의 (   ) 말하기

두 대답을 (   )

말하기

프로그램 종료

─── [보기] ───

꽃잎 길이 / 꽃받침 길이 / 합치기 / 분류 결과 / 분류 결과

1 크롬 브라우저를 실행하고 주소창에 'bit.ly/붓꽃씨앗'을 입력합니다.
(접속이 안되면 'http://naver.me/51YRjwVC'를 입력합니다.)

2 엔트리 작품으로 이동하여 코딩을 하기 위해 [리메이크하기]를 선택합니다.

3 인공지능 붓꽃 판별기에 필요한 오브젝트가 준비되어 있습니다. 오브젝트를 실행하기 위해 필요한 블록을 살펴봅시다.

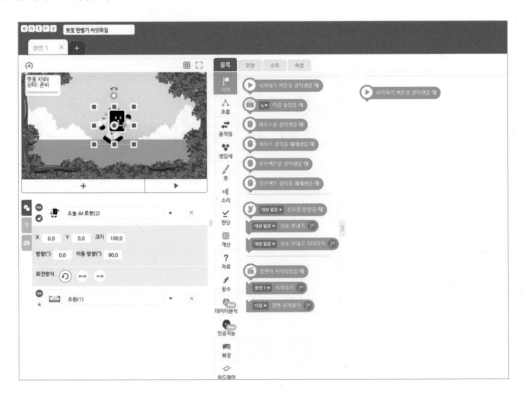

4 데이터를 학습시키기 위해 [인공지능]을 선택한 후 [모델 학습하기]를 클릭합니다.

5 KNN 모델을 활용하기 위해 [분류:숫자]를 선택한 후 [학습하기]를 클릭합니다.

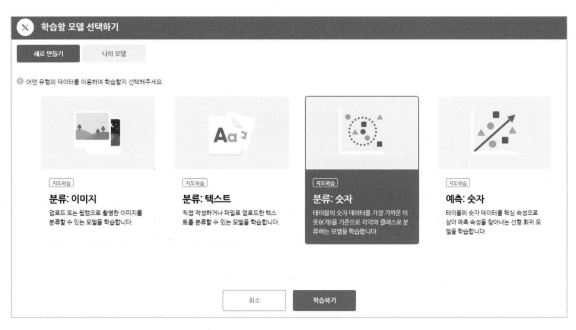

6 모델 이름을 입력하고, '붓꽃 예시 데이터'를 선택합니다.

7 학습에 사용할 핵심 속성(꽃받침 길이, 꽃잎 길이)을 선택하고 분류하려는 속성을 '품종'으로 선택합니다. 입력한 꽃과 가장 가까이 있는 3개의 꽃과 비교하기 위해 이웃 개수(K)를 '3'으로 정합니다.

8 데이터를 학습시키기 위해 [모델 학습하기]를 선택합니다. 학습이 잘되었는지 확인해보기 위해 임의의 데이터를 입력시켜 봅니다. [적용하기]를 눌러 코딩 화면으로 돌아옵니다.

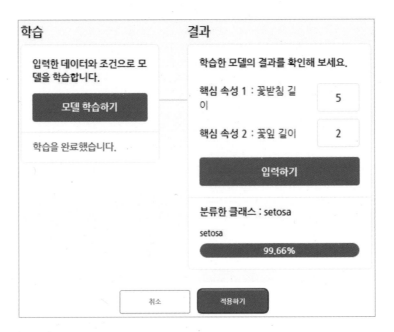

9 붓꽃의 꽃받침 길이와 꽃잎 길이를 입력하기 위해 각각의 변수를 만듭니다. 자료에서 [변수 만들기]를 선택합니다.

10 [변수 추가하기]를 선택한 후 꽃받침 길이와 꽃잎 길이 변수를 입력합니다.

11 [시작하기] 버튼을 클릭했을 때 꽃받침 길이와 꽃잎 길이를 차례로 입력하고, 각가의 대답을 모델에 사용할 수 있도록 다음과 같이 코딩합니다.

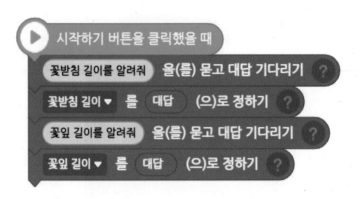

12 꽃받침 길이와 꽃잎 길이를 통해 입력한 붓꽃의 종류가 무엇인지 알려주도록 코딩합니다.

지도학습 숫자 분류 모델 만들기

Q. 숫자 분류 모델은 무엇일까요?

숫자 분류 모델은 우리가 앞서 배웠던 K최근접 이웃 알고리즘입니다. 이는 인공지능을 학습시키는 여러 가지 방법 중에서 지도학습에 해당하며, 비슷한 특성을 가진 데이터는 같은 그룹에 속한다는 가정 하에 사용됩니다.

새로운 데이터를 입력하고 가장 가까운 이웃 데이터들을 찾으면 새로운 데이터가 어떤 특성을 가지는지 알 수 있습니다.

Q. 이웃 개수(K)는 왜 홀수여야 할까요?

K최근접 이웃 알고리즘은 데이터를 입력하고, 입력한 데이터에서 가장 가까운 이웃 데이터들을 기준으로 입력한 데이터를 분류합니다.

임의의 데이터를 입력하고 이웃 개수(K)를 홀수로 설정하면 더 많은 이웃이 무엇인지 판단할 수 있습니다. 하지만 짝수로 설정한다면 동률이 나올 수 있고, 이때는 추가로 가장 가까운 값이나 임의의 값을 따르도록 해야 합니다. 그러므로 이웃 개수(K)를 홀수로 정하는 것이 더 효과적입니다.

Q. 숫자 분류 모델을 학습한 인공지능이 더 똑똑해지기 위해서는 어떻게 해야 할까요?

숫자 분류 모델은 머신러닝의 한 종류인 지도학습 방법입니다. 인공지능이 더 똑똑해지기 위해서는 지금보다 더 많은 경험을 제공해주어야 합니다. 즉, 더 많은 데이터를 입력해야 합니다.

다양한 데이터를 많이 입력할수록 인공지능은 똑똑해지고 더욱 정확하게 붓꽃의 종류를 판단할 수 있게 됩니다.

11 수확량은 얼마쯤 될까?
(선형 회귀 분석으로 배추 생산량 예측하기)

✳ 데이터를 선형 회귀 분석하여 예측 값을 찾아내는 인공지능 프로그램을 만들어봅시다.

준비물		인공지능 블록 & 모델
	로그인 아이디와 비밀번호를 입력해 주세요. **아이디 입력** 아이디를 입력해 주세요. **비밀번호 입력** 비밀번호를 입력해 주세요.	지도학습 **예측: 숫자** 테이블의 숫자 데이터를 핵심 속성으로 삼아 예측 속성을 찾아내는 선형 회귀 모델을 학습합니다.
컴퓨터(노트북)	엔트리 계정	지도학습(예측: 숫자)

 인공지능은 생활 속 다양한 분야에서 활용되고 있습니다. 동영상 추천 알고리즘, 음성인식, 이미지 인식과 같은 다양한 인공지능 기술들이 깊숙이 자리 잡게 되었습니다. 이 중에서도 인공지능의 예측 기능은 다양한 산업 분야에서 활용되고 있습니다. 우리는 정확한 예측 값을 얻을수록 이익을 극대화 할 수 있습니다.

 만약 생산업에서 수요량을 정확하게 예측한다면, 그에 알맞게 생산량을 결정하면 되므로 이익을 극대화 할 수 있습니다. 또한 질병 발병률을 예측하여 미리 예방할 수도 있습니다.

 이렇게 예측 값은 우리가 미래를 효율적으로 대비할 수 있게 하는 지표가 됩니다.

 인공지능이 데이터를 학습하여 예측을 하는 방법에는 다양한 방법이 사용되지만, 회귀 분석이라는 방법이 유용하게 사용됩니다. 따라서 이번 시간에는 인공지능의 선형 회귀 학습 모델을 활용하여 배추 생산량을 예측해주는 프로그램을 만들어 보겠습니다.

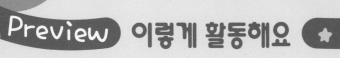

데이터 테이블 추가하기

씨앗파일 불러오기

예측: 숫자

지도학습

테이블의 숫자 데이터를 핵심 속성으로 삼아 예측 속성을 찾아내는 선형 회귀 모델을 학습합니다.

인공지능 모델 선택하기

핵심속성, 예측속성 결정하기

프로그래밍하기

실행하기

인공지능(AI) 체험활동 배추 생산량 예측 프로그램 체험하기

완성된 배추 생산량 예측 프로그램을 실행해봅시다.

완성 프로그램

http://bit.ly/배추생산예측
또는
https://naver.me/G8Ul0kC5

---

1. 프로그램을 실행하여 재배 면적(ha)을 입력하고, 배추 생산량의 예측 결과를 적어봅시다.

(   )톤

2. 배추 생산량 예측 프로그램에 활용된 인공지능 기술을 [보기]에서 찾아봅시다.

— [보기] —
음성 인식 기술 / 이미지 인식 기술 / 자세 인식 기술 / 선형 회귀 분석

어떻게 만들까? 배추 생산량 예측 프로그램 설계하기

1. 앞에서 살펴본 배추 생산량 예측 프로그램에 대하여 살펴봅시다.

프로그램을 실행했을 때 땅의 면적(ha)을 묻습니다. 땅의 면적을 입력하면 그에 따른 배추 생산량을 예측하여 알려줍니다. 스페이스 키를 누르면 예측 값을 분석한 과정을 알려주는 차트를 볼 수 있습니다.

2. 배추 생산량 예측 프로그램 알고리즘 설계하기

프로그램 실행

∨

시작하기 버튼을 클릭했을 때

∨

(   )을/를 묻고 기다리기

∨

면적(ha) (   )의 예측 값   을(를) 말하기

∨

스페이스키를 클릭했을 때

∨

모델 차트 창 열기

∨

프로그램 종료

──── [보기] ────

대답 / 면적

1 구글 크롬 브라우저를 실행하고 주소창에 'bit.ly/배추씨앗'을 입력합니다.
(접속이 안되면 'http://naver.me/FyeqWy9R'를 입력합니다.)

2 엔트리 작품으로 이동하여 프로그래밍을 하기 위해 [리메이크하기]를 선택합니다.

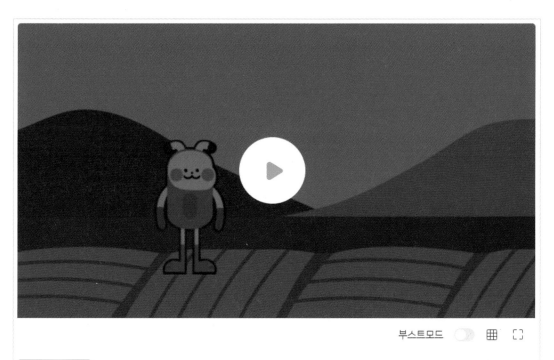

3 배추 생산량 예측 프로그램을 만들기에 필요한 오브젝트들을 확인합니다. 그리고 프로그래밍하기 위하여 오브젝트 목록에서 엔트리 봇을 선택합니다.

4 예측을 위한 데이터를 가져오기 위해 [데이터 분석] 탭의 [테이블 불러오기]를 클릭합니다.

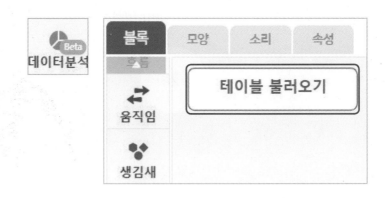

5 [테이블 추가하기]를 눌러 엔트리 예시 데이터 목록에 있는 '연도별 배추 생산량' 테이블을 [추가]합니다.

6 왼쪽 위 X 버튼을 누르면 데이터 테이블이 추가되고 프로그래밍 화면으로 돌아오게 됩니다.

7 입력한 데이터를 바탕으로 인공지능 모델을 학습할 것입니다. [인공지능] 탭에 [인공지능 모델 학습하기]를 클릭합니다.

8 [새로 만들기]에서 [예측: 숫자]를 클릭하고 [학습하기]를 눌러줍니다.

9 모델 제목을 설정하고 이전에 추가한 테이블을 불러옵니다.

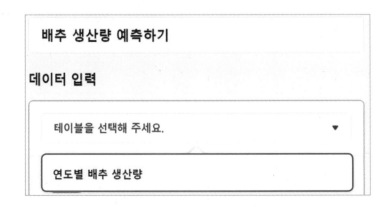

10 테이블의 속성 중 핵심 속성과 예측 속성을 선택합니다. 재배 면적에 따른 배추 생산량을 예측하는 것이므로, '면적'이 핵심 속성, '생산량'이 예측 속성이 됩니다.

11 [모델 학습하기]를 선택하여 인공지능이 면적 데이터와 생산량 데이터를 이용하여 두 속성 사이의 경향성을 파악할 수 있도록 학습시킵니다.

12 학습한 결과를 확인합니다. 결과가 확인되었으면 [적용하기]를 눌러 인공지능 모델 학습을 완료합니다.

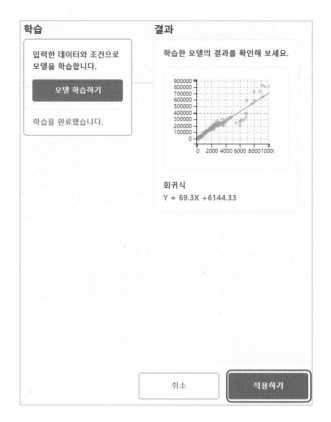

13 [자료] 카테고리에서 [묻고 대답 기다리기] 블록을 삽입한 후 입력할 내용을 변경합니다.

14 [인공지능] 카테고리의 [면적(ha) ( )의 예측 값] 블록과, [자료] 카테고리의 [대답] 블록을 선택하여 입력받은 면적에 대한 생산량을 예측하도록 프로그래밍 합니다. 값이 소수로 예측되었을 때 반올림 할 수 있도록 [계산] 카테고리의 [( )의 제곱] 블록을 선택하여 '제곱' 부분을 '소수점 반올림 값'으로 바꿔준 후, 다음과 같이 프로그래밍 합니다.

15 스페이스 키를 눌렀을 때 결정계수와 모델차트 창을 확인할 수 있도록 [인공지능] 카테고리의 [모델 차트 창 열기] 블록을 선택하여 엔트리 봇에 다음과 같이 프로그래밍 합니다.

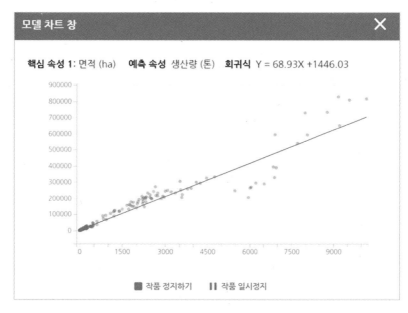

16 프로그램을 실행하여 결과를 확인해 봅시다.

 배추 생산량 예측 값의 정확도를 알려주는 프로그램 만들기

완성된 배추 생산량 예측 프로그램을 실행해봅시다. 예측 값을 말한 후 예측 값의 정확도를 알려주도록 프로그래밍 해봅시다.

1 결정계수란, 예측 값의 정확도를 나타내는 지표입니다. 결정계수는 0이상 1이하의 값이며, 1에 가까울수록 예측이 정확하다고 할 수 있습니다.
엔터키를 눌렀을 때 결정계수의 값이 0.5미만이면 '예측의 정확도가 낮습니다.'
0.5이상 0.7미만이면 '예측의 정확도는 보통입니다.'
0.7이상이면 '예측의 정확도는 높습니다.'로 말하도록 프로그래밍 해봅시다.

2 프로그램을 실행하여 배추 생산량 예측 값과 예측의 정확도를 말해주는지 확인해 봅시다.

결과를 예측해주는 인공지능

Q. 인공지능은 어떻게 면적에 따른 배추 생산량을 예측할 수 있을까요?

먼저 인공지능이 결과 값을 예측하기 위해서는 데이터가 필요합니다. 재배 면적에 따른 배추 생산량을 예측하기 위해서는 기존의 재배 면적과 그에 따른 배추 생산량 데이터들이 있어야 합니다. 좌표 평면위에 가로 축을 재배 면적으로, 세로축을 배추 생산량으로 설정하여 데이터를 나타내면 두 속성간의 관계 경향성을 파악할 수 있습니다. 인공지능은 이 과정을 통해 관계를 가장 잘 나타낼 수 있는 모델을 찾으며, 이 모델에 재배 면적을 입력하면 배추 생산량 값을 구할 수 있습니다.

이렇게 관련이 있는 속성들이 있을 때, 특정한 속성 값을 통해 다른 속성 값을 분석하는 것을 '회귀 분석'이라고 합니다. 또한 속성들의 관계 경향성이 직선으로 나타날 때, '선형 회귀' 관계에 있다고 합니다. 회귀 분석으로 찾은 예측 모델의 적합도를 수치로 나타낸 것을 '결정 계수'라고 하는데, 결정 계수가 1에 가까울수록 회귀 모델 식의 적합도가 높습니다.

Q. 모든 경우에 회귀 분석으로 결과 값을 예측할 수 있을까요?

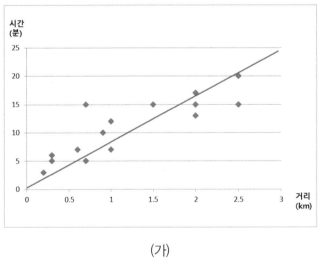
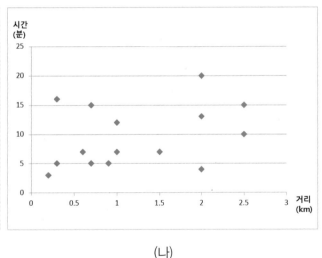

(가)   (나)

거리에 따른 걸린 시간에 대한 데이터가 (가), (나)와 같이 있을 때, (가)는 두 속성들의 관계 경향성을 위와 같이 직선으로 나타낼 수 있지만, (나)의 경우에는 뚜렷한 경향성을 찾아볼 수 없음을 알 수 있습니다.

이렇게 두 그룹의 데이터들 간의 관련성을 수치로 나타낸 것을 '상관계수'라고 하는데, 이 상관계수의 값이 1과 가까울수록 관련성이 높다고 할 수 있습니다. 보통 이 상관계수가 0.6이상이 될 때, 선형 회귀 분석을 하기에 용이하며 분석이 의미가 있게 됩니다.

12

특정 그룹끼리 묶어보자
(인공지능 군집 기술을 이용하여 모둠 나누기)

* 인공지능이 데이터에 따라 모둠을 나누는 프로그램을 만들어봅시다.

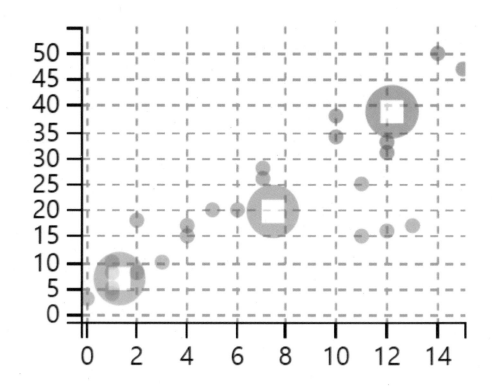

	준비물		인공지능 블록 & 모델
기초 체력 측정 결과 데이터	엔트리 계정		비지도학습(군집: 숫자)

기초체력 측정 결과

	A	B	C
1	이름	15m 왕복 오래	제자리 멀리
2	민준	75	161.9
3	서준	54	133.8
4	예준	60	147.3

로그인

아이디와 비밀번호를 입력해 주세요.

아이디 입력

아이디를 입력해 주세요.

비밀번호 입력

비밀번호를 입력해 주세요.

비지도학습

군집: 숫자

테이블의 숫자 데이터를 핵심 속성으로 삼아 정한 수(K개)만큼의 묶음으로 만드는 모델을 학습합니다.

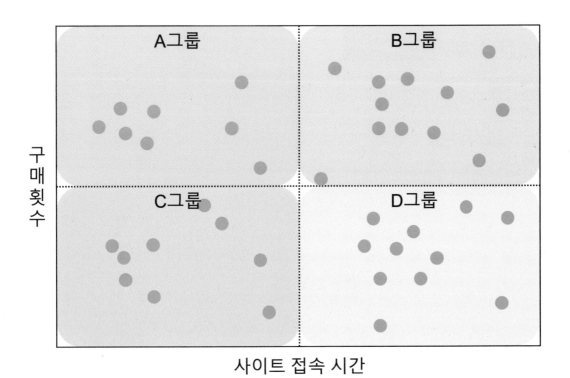

여러분은 컴퓨터나 스마트폰으로 물건을 구입해 본 경험이 있나요? 통계청에 따르면 작년 온라인 쇼핑의 거래액은 무려 약 13조 7천억 원이나 된답니다. 여러분이 온라인 쇼핑몰에 접속해서 물건을 구매하는 과정에서 다양한 종류의 데이터가 발생한다는 사실 알고 있었나요? 여러분의 나이, 성별, 사이트 접속 시간, 구매횟수, 검색 기록 등의 세세한 내용들이 온라인 쇼핑몰 기업의 데이터로 저장됩니다.

온라인 쇼핑몰은 이렇게 여러분이 남긴 방대한 종류와 양의 데이터를 인공지능 기술을 활용해서 다양한 목적으로 사용하고 있습니다. 예를 들어 쇼핑몰에서 사용자에게 할인 쿠폰을 제공하는 이벤트를 진행할 때 사이트 접속 시간과 구매횟수 데이터를 기준으로 인공지능의 군집(Clustering) 기술을 활용하여 그림과 같이 4개의 그룹으로 나누고 할인율을 다르게 설정하여 보다 많은 사람들이 물건을 구매할 수 있게 만들 수 있습니다.

이번 시간에는 학급 친구들의 기초 체력 측정 관련 다양한 데이터를 바탕으로 인공지능의 군집 기술을 활용한 모둠 나누는 프로그램을 만들어 보도록 합시다.

Preview 이렇게 활동해요 ★

씨앗파일 불러오기

기초체력 측정 결과

	A	B	C
1	이름	15m 왕복 오래	제자리 멀리
2	민준	75	161.9
3	서준	54	133.8
4	예준	60	147.3
5	도윤	80	170
6	주원	49	105.6
7	시우	82	167
8	지후	76	150.2
9	지호	30	132.7
10	준서	76	190

데이터 입력하기

3

비지도학습

군집: 숫자

테이블의 숫자 데이터를 핵심 속성으로 삼아 정한 수(K개)만큼의 묶음으로 만드는 모델을 학습합니다.

인공지능 모델 선택하기

인공지능 모델 학습하기

프로그래밍하기

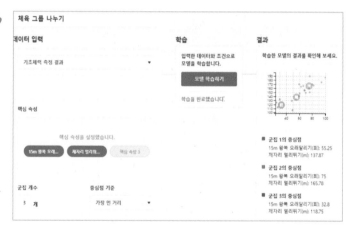

실행하기

인공지능으로 모둠 나누기 체험하기

완성된 인공지능으로 모둠 나누기 프로그램을 실행해봅시다.

안녕하세요! 체육 수업은 인공지능이 나누어준 모둠으로 할 거예요.

완성 프로그램

http://bit.ly/인공지능모둠
또는
http://naver.me/GTgvTvI2

---

1. 프로그램을 실행하여 모둠을 3개로 나누어 보고 차트를 확인해봅시다. 15m 왕복 오래 달리기 기록이 80회, 제자리 멀리 뛰기 기록이 170m인 학생은 몇 번째 모둠인가요?

2. 인공지능으로 모둠 나누기에 활용된 인공지능 기술을 [보기]에서 찾아봅시다.

--- [보기] ---
이미지 인식 기술 / 분류: 숫자 / 군집: 숫자

인공지능으로 모둠 나누기 설계하기

1. 앞에서 살펴본 인공지능으로 모둠 나누기의 작동방법에 대하여 살펴봅시다.

프로그램을 실행했을 때 몇 개의 모둠으로 나눌지 선택합니다. 인공지능은 주어진 데이터를 기준에 따라 선택한 개수로 모둠을 나눕니다. 그리고 스페이스키를 누르게 되면 군집화된 모둠을 차트의 형태로 확인할 수 있습니다.

2. 인공지능으로 모둠 나누기 프로그램 알고리즘 설계하기

프로그램 실행

∨

시작하기 버튼을 클릭했을 때

∨

안녕하세요! 체육 수업은 인공지능이 나누어준 모둠으로 할 거에요.

∨

몇 개의 모둠으로 나눌까요? 2~4 중에 선택해보세요. 묻고 대답 기다리기

∨

군집을 (　　　) 개로 바꾸기

∨

중심점 기준을 가장 먼 거리로 바꾸기

∨

모델 다시 학습하기

∨

인공지능이 모둠이 어떻게 나누었는지 궁금하면 스페이스 키를 눌러보세요!

(　　　) 키를 눌렀을 때

∨

모델 차트 창 (　　　)

프로그램 종료

――― [보기] ―――
대답 / 3개 / 스페이스 / 마우스 / 열기 / 닫기

1 구글 크롬 브라우저를 실행하고 주소창에 'bit.ly/모둠나눔씨앗'을 입력합니다.

2 엔트리 작품으로 이동하여 프로그래밍을 하기 위해 [리메이크하기]를 선택합니다.
(접속이 안되면 'http://naver.me/xorVxXze'를 입력합니다.)

3 인공지능으로 모둠 나누기를 만들기에 필요한 오브젝트들을 확인합니다. 말하기와 인공지능 군집 기술을 프로그래밍하기 위해 오브젝트 목록에서 [안경쓴 학생(2)] 오브젝트를 선택합니다.

4 인공지능 군집 모델을 만들기 위한 필요한 데이터를 확인하기 위해 [블록] 탭에서 [데이터분석] 카테고리를 선택 후 [테이블 불러오기]를 선택합니다.

5 씨앗 파일에 기본적으로 기초체력 측정결과 데이터가 있는 것을 확인할 수 있습니다.

6 인공지능 블록을 생성하기 위해 [블록] 탭에서 [인공지능] 카테고리를 선택한 후 [인공지능 모델 학습하기]를 클릭합니다.

7 [새로 만들기]를 선택 후 [비지도학습 군집: 숫자]를 선택합니다.

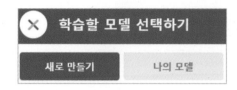

비지도학습

군집: 숫자
테이블의 숫자 데이터를 핵심 속성으로 삼아 정한 수(K개)만큼의 묶음으로 만드는 모델을 학습합니다.

8 새로운 모델에 이름을 입력하고 앞서 살펴본 [기초체력 측정 결과]를 선택합니다.

9 기초체력 측정 결과의 항목인 15m 왕복 오래달기(회)와 제자리 멀리뛰기(m)가 속성으로 나타나는 것을 확인할 수 있습니다. 아래의 핵심 속성에 드래그하여 놓습니다.

10 군집 개수는 나누고자 하는 모둠의 개수와 같게 설정하면 됩니다.(프로그램에서는 사용자가 원하는 모둠의 수로 설정할 것이라 임의의 수로 설정하면 됩니다.) 중심점 기준은 가장 먼 거리로 설정합니다.

11 설정을 완료했으면 학습의 [모델 학습하기]를 선택하여 인공지능 모델을 학습합니다.

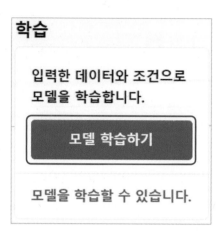

12 결과를 통해 인공지능이 핵심 속성을 기준으로 군집을 4개로 나누는 것을 확인할 수 있습니다.(군집은 인공지능 모델을 실행할 때마다 새롭게 정해집니다.) [적용하기]를 눌러 인공지능 모델을 완성합니다.

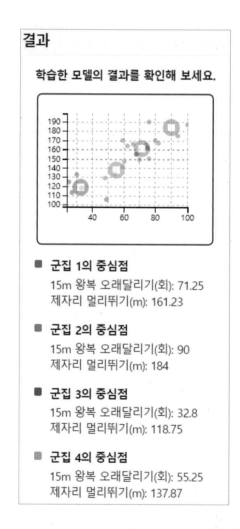

13 인공지능 모델이 완성되었으면 [인공지능] 카테고리에서 그림과 같은 블록들이 추가된 것을 확인할 수 있습니다.

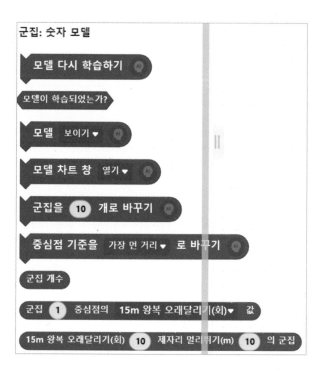

14 프로그램을 소개하는 대화를 만들기 위해 [시작], [생김새] 카테고리에서 [시작하기 버튼을 클릭했을 때]와 [안녕!을(를) 4초 동안 말하기] 블록을 선택하여 그림과 같이 말을 입력합니다.

15 사용자가 원하는 체육 모둠을 입력받기 위해 [자료] 카테고리에서 [안녕!을(를) 묻고 대답 기다리기] 블록을 삽입하고, 그림과 같이 말을 입력합니다.

▷ 시작하기 버튼을 클릭했을 때
안녕하세요! 체육 수업은 인공지능이 나누어준 모둠으로 할 거에요. 을(를) 4 초 동안 말하기▾
몇 개의 모둠으로 나눌까요? 2~4 중에 선택해보세요. 을(를) 묻고 대답 기다리기 ?

16 사용자가 원하는 체육 모둠의 정보는 [자료] 카테고리의 [대답] 블록에 저장되었습니다. 이를 바탕으로 [인공지능] 카테고리에서 [군집을 10개로 바꾸기], [중심점 기준을 가장 먼 거리로 바꾸기], [모델 다시 학습하기] 블록을 선택 후 그림과 같이 블록을 연결하여 인공지능이 다시 군집을 실행할 수 있도록 합니다.

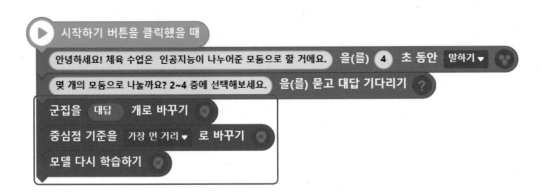

▷ 시작하기 버튼을 클릭했을 때
안녕하세요! 체육 수업은 인공지능이 나누어준 모둠으로 할 거에요. 을(를) 4 초 동안 말하기▾
몇 개의 모둠으로 나눌까요? 2~4 중에 선택해보세요. 을(를) 묻고 대답 기다리기 ?
군집을 대답 개로 바꾸기
중심점 기준을 가장 먼 거리▾ 로 바꾸기
모델 다시 학습하기

17 인공지능이 군집화를 끝낸 후 결과를 확인하기 위한 안내 대화를 위해 [생김새] 카테고리에서 [안녕!을(를) 4초 동안 말하기] 블록을 선택하여 그림과 같이 말을 입력합니다.

▷ 시작하기 버튼을 클릭했을 때
안녕하세요! 체육 수업은 인공지능이 나누어준 모둠으로 할 거에요. 을(를) 4 초 동안 말하기▾
몇 개의 모둠으로 나눌까요? 2~4 중에 선택해보세요. 을(를) 묻고 대답 기다리기 ?
군집을 대답 개로 바꾸기
중심점 기준을 가장 먼 거리▾ 로 바꾸기
모델 다시 학습하기
인공지능이 모둠이 어떻게 나누었는지 궁금하면 스페이스 키를 눌러보세요! 을(를) 4 초 동안 말하기▾

18 군집화된 결과가 나타나는 모델의 차트 창을 확인하기 위해 [시작], [인공지능] 카테고리의 [q 키를 눌렀을 때], [모델 차트 창 열기] 블록을 선택하여 입력합니다.

19 최종 완성된 프로그램을 확인합니다.

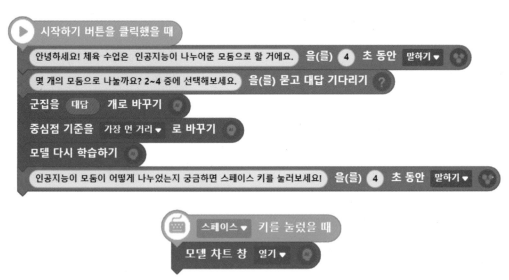

20 프로그램을 실행하여 인공지능이 모둠을 올바르게 나눠주는지 확인합니다.

199

 우리 학급 친구가 어느 모둠에 속하는지 확인할 수 있는
인공지능으로 모둠 나누기 프로그램 만들기

앞에서 만들어 본 프로그램으로 군집화된 모둠에 속한 친구를 확인할 수 있는 기능을 추가해봅시다.

1 테이블의 데이터에서 친구의 이름과 각각의 기록을 저장하기 위한 변수가 필요합니다. [속성] 탭
에서 변수를 선택하고 [변수 추가하기]를 선택합니다.

2 변수의 이름을 각각 '이름', '15m 왕복', '제자리 멀리뛰기로' 입력 후 확인을 선택합니다.

3 앞서 군집화된 차트를 보여주는 블록에 2초가 지난 뒤 모둠이 궁금한 친구의 이름을 묻고 대답을 저장하기 위해 [흐름], [자료] 카테고리의 [2초 기다리기], [이름]를 2(으)로 정하기], [안녕!을(를) 묻고 대답 기다리기] 블록을 사용하여 그림과 같이 말을 입력하고 블록을 놓습니다.

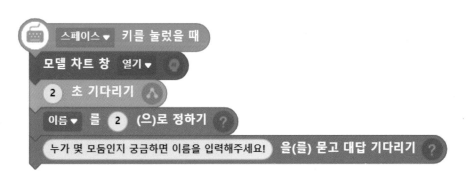

4 사용자가 입력한 이름과 테이블의 데이터에 있는 이름을 비교하기 위해 [흐름] 카테고리의 [계속 반복하기], [만일 참(이)라면, 아니면] 블록을 사용해 그림과 같이 놓습니다.

5 테이블 데이터의 1, 2, 3…이 '행'이고 A, B, C가 '열'입니다. 1행에 속성인 '이름' 가운데 사용자가 찾길 원하는 대답에 있는 이름과 같은 경우를 찾기 위해 [판단], [자료], [데이터분석] 카테고리의 [대답], [이름 값], [10=10], [테이블 기초체력 측정 결과 10번째 행의 이름 값] 블록을 그림과 같이 놓습니다.

(테이블 데이터의 1행의 경우 속성을 나타내기 위한 공간이므로 실제 데이터는 2행부터 시작입니다. 그래서 3번 설명의 그림을 보면 [이름을 2(으)로 정하기] 블록을 사용했습니다.)

	A	B	C
1	이름	15m 왕복 오래	제자리 멀리
2	민준	75	161.9
3	서준	54	133.8
4	예준	60	147.3

6 사용자가 원하는 이름을 찾을 때까지 행의 숫자를 높여가면서(이름 값 변수) 계속 반복하기를 시도하여 해당하는 이름을 찾게 되었다면 앞서 만들어둔 변수(15m 왕복, 제자리 멀리뛰기)에 해당 학생의 15m 왕복, 제자리 멀리뛰기 측정 결과를 입력합니다. 이를 위해 [자료], [데이터분석] 카테고리의 [변수를 (으)로 정하기], [변수에 1만큼 더하기], [테이블 기초체력 측정 결과 번째 행의 속성 값] 블록을 그림과 같이 놓습니다.

7 마지막으로 찾고자 하는 친구의 15m 왕복, 제자리 멀리뛰기 기록 값을 군집화된 데이터에 입력하면 몇 번째 모둠인지 확인하고 그 결과를 말하기 위해 [자료], [계산], [인공지능], [생김새] 카테고리에서 [대답], [15m 왕복 값], [제자리 멀리뛰기 값], [합치기], [15m 왕복 오래달리기(회) 10, 제자리 멀리뛰기 10의 군집], [안녕!을(를) 4초 동안 말하기] 블록을 그림과 같이 놓습니다.

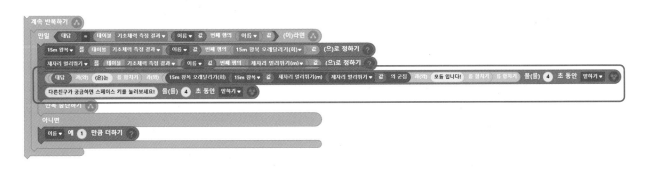

8 모든 프로그래밍을 마치고 프로그램을 실행하면 궁금한 친구의 모둠을 찾아서 말해주는 모습을 확인할 수 있습니다.

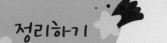

인공지능으로 모둠 나누기

Q. '군집'이란 무엇일까요?

비지도 학습에서 특징이 비슷한 데이터끼리 묶는 작업을 군집이라고 합니다. 데이터 사이의 비슷한 정도를 파악하는 것은 데이터 사이의 거리를 활용하여 측정할 수 있습니다. 데이터 간 거리가 가까울수록 특징이 비슷하다고 할 수 있습니다.

Q. 인공지능 학습에서 군집과 분류의 차이점은 무엇일까요?

군집은 정답이 정해져 있지 않은 상태로 특징이 비슷한 데이터끼리 묶는 작업입니다. 이에 비해 분류는 어떻게 나누어야 하는지 정답이 정해져있고, 그 기준에 따라 데이터를 선별하는 것입니다.

예를 들어, 키가 다른 사람 여러 명이 있다고 생각해봅시다. "키가 비슷한 사람끼리 모여서 3모둠을 만드세요." 라고 한다면 이것은 군집입니다. "키가 175cm 이상인 사람, 키가 160cm~175cm인 사람, 키가 160cm 미만인 사람끼리 모이세요."라고 한다면 이것은 분류입니다.

Q. 모델을 다시 학습할 때마다 모둠이 다르게 묶이는 까닭은 무엇일까요?

엔트리 프로그램에서 군집을 하는 방법은 기준점을 그룹 수만큼 정하여 기준점으로부터 가장 가까운 것끼리 묶어서 그룹을 나누는 것입니다. 엔트리에서는 이 기준점을 정하는 방법이 10번에서 설명하는 '중심점 기준'에 있습니다. 모델을 학습할 때, 항상 같은 중심점을 기준으로 하는 것이 아니기 때문에 모델을 다시 학습할 때마다 그룹이 다르게 묶이는 것입니다.

실제로 비지도 학습에서 그룹을 묶는 방법으로는 여러 가지가 있고, 방법에 따라 결과가 다르게 나타납니다. 상황에 따라 알맞은 방법을 활용하여 원하는 결과를 선택하면 됩니다.